AF218907

SILKE SCHÄFER Hg.

und weitere Autor/innen

Felimania

Das Buch

Teil 1: Kurzgeschichten aus der schnurrigen Welt der Katzen, erzählt von echten Miezen und von ihren Menschen.
Teil 2: Für Katzen-Neuanfänger und für erfahrene Halter gleichermaßen praktisch – eine Zusammenstellung von unterhaltsamen und nützlichen Informationen, die das kätzisch-menschliche Zusammenleben bereichern können.

Das Buchteam

Sandra Brock lebt mit Mann (Zitat: „dem besten Ehemann von allen"), zwei Dackeln („Die Spunkse") und einer Gruppe Katzen (zurzeit sechs) in Dinslaken am Niederrhein. Sie ist Tanzschulinhaberin und Tanzlehrerin aus Leidenschaft, begeisterte Gärtnerin und Katzenfan seit ihrer Kindheit. Im Hause Brock befindet sich im Dachgeschoss die Pflegestelle für die Katzenhilfe Bocholt.

Natascha Kempers, im Hauptberuf kaufmännische Angestellte in einem Chemieunternehmen, gründete 2013 mit einigen Gleichgesinnten die Katzenhilfe Bocholt e.V. und amtiert als 1. Vorsitzende. Tiere sind für sie jeden Tag ein Thema, im Verein und auch privat. Am grünen Rand von Bocholt lebt sie mit ihrem Lebensgefährten sowie fünfzehn Katzen, zwei Eseln und zwei Ponys.

Silke Schäfer ist gelernte Grafische Zeichnerin und lebt in Duisburg. Als ein beruflicher Wechsel in eine künstlerisch vergleichsweise trockene Sparte nötig war, blieb sie trotzdem – oder gerade deshalb – ihrer Liebe zu Bild und Wort treu. Nach zwei Büchern im Themenbereich Fantasy widmet sie sich mit der vorliegenden Anthologie dem Herzensthema Tierschutz.

SILKE SCHÄFER Hg.

und weitere Autor/innen

FELIMANIA

Geschichten für die Katz'

Anthologie

Bibliografische Information der Deutschen Nationalbibliothek: Die
Deutsche Nationalbibliothek verzeichnet diese Publikation in der
Deutschen Nationalbibliografie; detaillierte bibliografische Daten
sind im Internet über dnb.dnb.de abrufbar.

Herstellung und Verlag:
BoD – Books on Demand, Norderstedt

ISBN 9 783752 643442

Man muss Katzen nicht beibringen,
wie man es sich gemütlich macht,
in dieser Hinsicht sind sie
von unerschöpflichem Erfindergeist.

(James Mason)

Danksagung

Allen Mitwirkenden, die zur Erstellung dieses Buches beigetragen haben, möchte ich hier meinen herzlichen Dank aussprechen. Es war ein spannendes Abenteuer, von der ersten spontanen Idee bis zum letzten Knopfdruck für den Upload, und jede(r) Einzelne hat einen wichtigen Anteil daran.

Durch die Umsetzung des Buchprojekts ist die Auswahl an Katzenbüchern allgemein jetzt um eines reicher, und zum Thema Tierschutz besonders haben wir damit einen ebenso unterhaltsamen wie hilfreichen Beitrag geleistet.

Im Namen des Buchteams, Kater Raggi und aller Katzen, die zukünftig davon profitieren werden: Danke für eure Geschichten und Bilder, für den freundlichen Austausch und euer Engagement.

Silke Schäfer

Inhaltsverzeichnis

Vorwort *Natascha Kempers* 10

Hallo, ich bin's, der Raggi 12

Wie die Idee zu diesem Buch entstand *Silke Schäfer* 13

Teil 1: Geschichten

Mäuse-Invasion *Saskia Bannister* 15

Gigolo *Franziska Bauer* 20

Der kleine Ingenieur *Eusebius van den Boom* 22

Kater Ekki *Eusebius van den Boom* 26

Bauchtanzkostüm zu verkaufen *Sandra Brock* 28

Urlaub? Vergiss es *Sandra Brock* 33

Möhre und Cassie Teil 1 *Sandra Brock* 38

Über Tische und Bänke *Nadine Buch* 42

Finduline *Anke Elsner* 47

Die weltbeste Manipulation *Kristin Fieseler* 50

Nachts *Maxi Forteller* 53

Katze Kiki geht auf die Bocholter Kirmes *Ruth Funke* 57

Der alte Kater *Albertine Gaul* 59

Wie der Vater in den Baum kam *Angelika Godau* 62

Meine Ponys und ich *Margit Günster* 67

7

Nero findet ein neues Zuhause *Margit Günster* 75

Wächter des Schulhofs *Anna-Katharina Höpflinger* 80

Als Susi verschenkt wurde *Christine Kayser* 84

Das Halsband *Christine Kayser* 88

In Narkose *Christine Kayser* 90

Abenteuerspielplatz Badezimmer *Natascha Kempers* 94

Paulchen, der Troublemaker *Natascha Kempers* 97

Die paar Erziehungsprobleme *Josephine König* 99

Ja, gibt's denn sowas ... *Angela Kunkel* 103

Brahma *Gisela Maaß-Weber* 106

Therapiehund-Pause *Petra Ottkowski* 111

Leben mit einem alternden Kater *Susanne Reijnen* 118

Missi *Sylvia Reinhardt* 121

Toulouse *Brigitta Rudolf* 127

Caris, die kleine Katzastrophe *Silke Schäfer* 131

Ginger's Tagebuch *Silke Schäfer* 136

Klein-Anton im Schrebergarten *Annerose Scheidig* 141

Kleiner Bergkamerad *Renate Schiansky* 144

Winternacht *Sonja Schirdewan* 147

Jerry, der Blumenkasten und ein Schreck am Morgen *Manuela Semrau* 150

Dachrinnen-Tarzan *Manuela Semrau* 152

Wohin mit der Katze? *Jochen Stüsser-Simpson* 154

Die Katze am See *Jochen Stüsser-Simpson* 158

Der Goldfischjäger *Heike Uebbing* 165

Möhre und Cassie Teil 2 *Isabell Ugol* 168

Teil 2: Allerlei Kätzisches

Vorbereitungskurs für Neu-Katzeneltern *Sandra Brock* 174

Wohnungs-Check 179

Erstausstattung für Katzen 181

Katzentagebuch 185

Vor-dem-Urlaub-Checkliste 187

Catsitter-Checkliste 188

Die medizinische Seite 190

Anekdötchen und schnurrige Erlebnisse 191

Katzenbabys – Erstversorgung und Gewichtstabelle 192

Ein Heimdschungel für die Minitiger 193

Katzenhypnose *Sandra Brock* 198

Bring Farbe rein: Ausmalbilder und Wochenplaner 202

Die Autor/innen 211

Ein wenig Eigenwerbung 221

Vorwort

Liebe Katzenfreunde,
vielen Dank für den Kauf unseres kleinen Buches und die damit verbundene Unterstützung, die den Katzen zugutekommt.

2013 fand sich eine kleine Gruppe von Katzenliebhabern zusammen, die vor dem Elend der freilebenden und ausgesetzten Katzen in der Umgebung nicht mehr länger die Augen verschließen konnten. Im Februar 2014 entstand daraus unser Verein, die Katzenhilfe Bocholt e.V.

Ursprünglich wollten wir uns ausschließlich um die Kastration von streunenden, herrenlosen Katzen kümmern. Doch schnell wurde uns klar, dass wir noch vor einer sehr ernsten und langfristigen Herausforderung stehen. Denn immer wieder fanden wir auch trächtige Katzen oder Mutterkatzen mit Kitten, die untergebracht werden mussten.

Wir arbeiten nun mit privaten Pflegestellen wie zum Beispiel Sandra Brock zusammen, die ebensolche Tiere in Not für uns aufnehmen. Wenn die Kitten alt genug sind, werden die verwilderten Mutterkatzen kastriert und wieder an dem Ort freigelassen, wo sie zuvor lebten. Wir richten dort Futterstellen ein und behalten sie auch weiterhin im Auge. Zahme Tiere und natürlich die Kitten werden von uns an liebe Menschen vermittelt.

Unsere Vereinsarbeit leisten wir ehrenamtlich in unserer Freizeit, und jede von uns ist mit dem Herzen dabei. Deshalb versuchen wir auch immer, mit den Adoptiv-Familien unserer Katzen in Verbindung zu bleiben. Für unsere Tiere suchen wir nämlich nur Menschen aus, für die sie ein Familienmitglied sind und nicht „nur eine Katze". So blicken wir nach all den Jahren auf viele lustige Geschichten zurück, die uns berichtet wurden. Einige davon findet ihr in diesem Buch.

Natürlich gibt es auch immer wieder traurige Momente bei unserer Arbeit. Kranke Katzen, die wir nicht retten können und Katzenbabys, die von Anfang an keine Überlebenschance hatten. In diesen dunklen Zeiten schaue ich dann gerne auf meine Bilderwand der Katzen, die wir gesund und glücklich in ein schöneres Leben entlassen konnten.

Wir betreuen im Durchschnitt 150 Tiere jährlich, und bei dieser Zahl an Katzen haben wir schon viele verschiedene Typen kennen gelernt. Denn auch unsere kleinen Haustiger haben ihren Charakter, ihre Vorlieben und Eigenarten. Das macht jede Fellkugel so einzigartig.

Katzenfreunde wissen, warum uns diese Wesen so verzaubern. Wir spüren ihre sanfte Seele, manchmal aber auch ihre scharfen Krallen. Sie bringen uns oft um den Verstand, aber meistens einfach nur zum Lachen.

Ich bedanke mich hiermit bei Silke Schäfer für die Idee und die Umsetzung dieses Buches, bei allen unseren Pflegestellen, hier vertreten durch Sandra Brock, bei den Autor/innen dieser tollen Geschichten und bei allen, die uns auf Facebook folgen und uns immer wieder motivieren.

Nun wünsche ich Euch viel Spaß beim Lesen.

Natascha Kempers – Katzenhilfe Bocholt e.V.

Hallo ich bin's, der Raggi!

 Eigentlich heiße ich Ragnar, aber meine Mama meinte, als ich noch ein Baby war, in den Namen müsste ich erst reinwachsen. Inzwischen bin ich zwei Jahre alt, ein stattlicher Kater. Aber sie sieht in mir immer noch das Babykätzchen, und so ist es bei Raggi geblieben.

Meine Mama, das ist übrigens die Sandra. Mit nur drei Wochen kam ich zu ihr, und sie hat alles dafür getan, damit aus mir ein großer, starker Kerl wird.

Ich begleite euch durch dieses Buch, da sind lauter interessante Sachen drin. Im ersten Teil findet ihr Geschichten über und von echten Katzen, aufgeschrieben von ihren Menschen.

Im zweiten Teil habe ich praktische Tipps gesammelt, die das Zusammenleben für euch und eure Samtpfoten erleichtern können. Manches davon ist auch reines „Menschenspielzeug".

Nun also rein ins Lesevergnügen!

Euer Raggi

12

Wie die Idee zu diesem Buch entstand

Es war Anfang Dezember 2019, und im Tanzstudio Bodywave in Wesel fand eine Lesung statt. Die Inhaberin Sandra Brock ist nicht nur Pflegestelle der Katzenhilfe Bocholt e.V., sie organisiert auch gern Möglichkeiten, um dem Verein zu Einnahmen zu verhelfen. Dies war also eine Benefizveranstaltung für die Katzenhilfe, und außer meinen Fantasy-Romanen hatte ich, dem Ort und Anlass entsprechend, auch einige (unveröffentlichte) Kurzgeschichten über Katzen, Tanz und Orient im Gepäck.

Dieser Mix kam gut an, und mehr als einmal wurde ich gefragt, ob es diese Geschichten auch mal als Buch gäbe. Im Verlauf des sehr fröhlichen Abends erwuchs eine neue Idee daraus, und schließlich wurde mit Sandra Brock und Natascha Kempers ein erster grober Plan geschmiedet, tatsächlich ein ganzes Buch mit Katzengeschichten zu erstellen und der Katzenhilfe Bocholt e.V. zu widmen. Und in einem Jahr, also gegen Ende 2020, wollten wir genau hier im Tanzstudio wieder Lesung halten, diesmal aus eigenem Katzenbuch.

Doch all die Texte selbst schreiben? Wo doch die Welt voll ist von Katzenleuten, die die unglaublichsten Geschichten über ihre Lieblinge zu erzählen haben? Die wollten wir auch ansprechen.

Und so nahm die Entwicklung ihren Lauf. Das Ergebnis nach Monaten intensiver Arbeit liegt nun vor, und ich freue mich, was für ein abwechslungsreiches Buch daraus entstanden ist. Ich wünsche mir, dass noch recht vielen Menschen dieses Buch gefällt, denn pro verkauftem Exemplar erhält die Katzenhilfe Bocholt e.V. 2,- Euro als Spende.

Futter, Streu, ärztliche Versorgung – das kostet viel Geld. Dieses Buch soll dazu beitragen, die Kosten zu stemmen.

Ich wünsche nun viel Vergnügen beim Eintauchen in die Welt der Katzen!

Silke Schäfer

Teil 1

Geschichten

Mäuse-Invasion

Saskia Bannister

Endlich waren diese fremden, lärmenden Menschen wieder aus dem Haus verschwunden. Seit Tagen kamen sie jeden Morgen, gingen mit schweren Schritten auf den Dachboden und machten, was Lillys Menschen als „Handwerken" bezeichneten. Sie fand die Bezeichnung „Dreck machen" treffender, denn als sie aus ihrem Versteck im Wohnzimmer hervorgekrochen kam und auf flinken Füßen eine Etage im Haus nach oben lief, hinterließ sie Abdrücke auf dem durch die Dreckmacher zugestaubten Boden.

Die von einem Bauernhof stammende Lilly musste enttäuscht feststellen, dass die Zimmertüren des oberen Geschosses verriegelt waren. Sie hätte sich gerne in das Bett der Tochter des Hauses gelegt, um sich von den Strapazen des Tages zu erholen. Von hinten näherte sich der Britisch Kurzhaar BeLucky mit seinen typisch klackernden Schritten. Der Rassekater war ein Meister des Versteckspiels, aber mit seinen langen Krallen miserabel im Anschleichen. Auch er beäugte die verschlossene Schlafzimmertür des Menschenmädchens. Allerdings hatte er ein anderes Ziel vor Augen als Lilly: Die grüne Schlafzimmerwand. „Central Park Green" nannte sich die Farbe. Lilly konnte dem nichts abgewinnen, aber BeLucky fand im wörtlichen Sinne Geschmack daran. Sobald sich die Gelegenheit bot, fuhr er genüsslich mit seiner rauen Zunge über die Wand. Sollte der Kater doch machen, dachte Lilly. Solange er nicht einen Platz im Bett einforderte, war es ihr egal. Allerdings hatten die kratzigen Schleckgeräusche des Katers des Öfteren das Menschenmädchen nachts aus dem Schlaf gerissen. Sehr zum Ärgernis der graugetigerten, weißbäuchigen Katze, denn von einem Moment auf den anderen

15

wurde ihr kuschelig-warmweiches Nest von turbulenten Bewegungen im Bett abgelöst.

Lillys Schwanzspitze zuckte, als sie das Öffnen der Kühlschranktür vernahm. Sie eilte in die im Erdgeschoss befindliche Küche und sprang maunzend auf den Mülleimer. Gerade noch rechtzeitig, um den Menschenmann auf sich aufmerksam zu machen. Der Mann lachte herzlich und gab ihr ein Stück von der Hähnchenbrust, die vom Mittagessen übriggeblieben war. Zum Glück handelte es sich nicht um Gans, dachte Lilly, während sie gierig das Stück Fleisch verschlang. Einmal hatte sie sich heimlich in die Küche geschlichen und ein halbes Schälchen Gänsefett vertilgt. Es hätte ein perfekter Abend werden sollen, schließlich folgten auf diesem Leckerbissen zärtliche Krauleinheiten auf dem Schoß des Menschenmädchens, während im Kaminofen das Feuer prasselte. Leider machte das Fett in Lillys Magen kehrt und ergoss sich schwallartig über die Beine des Mädchens. Sonderlich erfreut war es darüber nicht gewesen.

Nachdem Lilly mit der Zunge ihren weißen Latz gereinigt hatte, schlenderte sie zufrieden ins Wohnzimmer. Gerne hätte sie noch ein Stück Fleisch gegessen, aber der Menschenmann hatte die Küche bereits verlassen. Vorläufig müsste sie sich mit dem begnügen, was sie bekommen hatte. Die zweibeinigen Hausbewohner würden ihr später sicherlich noch die eine oder andere Leckerei zuschieben, wenn die Katze sie bezirzte. Immerhin hatte sie auf dem Gebiet eine jahrelange Erfolgsgeschichte aufzuweisen.

Im Wohnzimmer entdeckte Lilly den Kater Meyer, ein weiteres Mitglied des Katzen-Trios. Seine großen leuchtend-gelben Augen hoben sich gegen sein schokoladenbraunes Fell ab und waren auf die Halbvitrine gerichtet. Der sonst besonnene Kater wirkte angespannt. Zudem zuckte seine Schwanzspitze.

Er versuchte etwas zu sagen, das erkannte Lilly daran, dass sich sein Maul öffnete und wieder schloss, doch es kam kein Ton heraus, denn Meyer war stumm. Es kostete ihn große Anstrengung, um überhaupt einen Laut hervorzubringen. Gelang es ihm, klang sein Miauen wie das Fiepen eines neugeborenen Kätzchens und nicht wie das Maunzen eines ausgewachsenen Katers. Dies hatte schon häufiger dazu geführt, dass er versehentlich im Keller eingesperrt wurde, wenn er seinen Menschen still dorthin gefolgt war und später niemand sein Rufen hören konnte. Glücklicherweise verbrachte er dort nie mehr als ein paar Stunden. Auf seine Unbekümmertheit hatten diese Erfahrungen nicht den geringsten Einfluss. Nach wie vor blieb der Keller ein interessantes Erforschungsgebiet für ihn.

Mit tapsigem Wackelgang näherte sich Meyer der Halbvitrine. Einfach geradeaus gehen wie ein gesunder Kater konnte er auch nicht. Niemand wusste um den Ursprung für Meyers Makel. Man konnte nur mutmaßen, was ihm widerfahren sein mochte, bevor er Teil dieser Familie wurde, denn berichten konnte der hübsche Langhaarkater davon nicht. Lilly fragte sich, was Meyer entdeckt haben könnte. Neugierig näherte sie sich ihm und spitzte die Ohren. Aus der Halbvitrine drang ein kratzendes Geräusch. Ein fremdartiger Geruch drang den Stubentigern in die Nase, als sie sich der Tür des Möbelstücks näherten.

„Was ist mit den Katzen los?" fragte die Menschenfrau verwundert. Ihre Tochter löste sich vom Sofa und öffnete die Tür der Halbvitrine. Zum Vorschein kamen die Tortenplatten, die dort für besondere Anlässe gelagert wurden. Ringsherum waren schwarze, längliche Krümel verteilt. „Ich hoffe, das sind Schokostreusel vom letzten Geburtstag", sagte das Mädchen mit ihrem Blick auf die Krümel gerichtet. Wie als Antwort auf ihre Zweifel drang ein grauer Schatten aus dem Schrank,

17

flitzte an den Katzen vorbei und huschte durch das Wohnzimmer in den Flur. Ohne zu zögern setzte Lilly zur Verfolgung an. Noch bevor sie den Schatten einholen konnte, hatte dieser sich unter dem Flurschrank verkrochen. Lilly bremste ab. Ihr Herz jagte vor Aufregung und einer Vorfreude, die sie so nicht kannte. Unter dem Schrank lugte ein spitzes Näschen hervor. Dann kam ein haariges Gesicht mit schwarzen Knopfaugen und großen Ohren zum Vorschein. Eine Maus. Instinktiv beugte sich Lilly nach vorne und schlich auf sachten Pfoten auf das Nagetier zu, das mittlerweile unter dem Schrank hervorgekrochen gekommen war und sich im Flur umschaute. Lilly schaffte es, sich einen, dann zwei und schließlich drei Schritte zu nähern. Die Maus wandte sich in ihre Richtung und beäugte die Katze misstrauisch. Dann stürmte sie auf den Stubentiger zu. Überrascht von der Offensive des Eindringlings sprang Lilly zur Seite, und die Maus war in Richtung Keller verschwunden.

Der sonst verhaltene BeLucky hatte seinen Weg ins Wohnzimmer gefunden. Sein Blick war nach oben auf den Jalousiekasten gerichtet, aus dem zunehmend ein Kratzen und leises Fiepen zu hören war. Der Geräuschpegel war bereits so hoch, dass sogar die sonst schwerhörigen Menschen ihn wahrnahmen und ebenfalls nach oben schauten. „Oh je, die Bauarbeiten haben offenbar die Mäuse vom Dachboden in unsere Wohnung getrieben", stellte die Menschenfrau fest. „Gut, dass wir drei aufgeweckte Katzen haben, um gegen diese Invasion vorzugehen." Eine Maus eilte durchs Wohnzimmer. BeLucky jagte ihr hinterher, bis der Nager einen Unterschlupf in einer leeren Küchenkrepprolle fand, die die Menschen den Katzen Tage zuvor zum Spielen gegeben hatten. BeLucky hatte sich auf der einen Seite der Rolle platziert und versuchte mit seiner rechten Vorderpfote an die Maus heranzukommen. Das kleine Geschöpf wich vor dem Kater zurück, doch auf der anderen

18

Seite der Rolle hockte bereits Meyer und blockierte den Ausweg. „Gut gemacht", lobte die Menschenfrau. Sie deckte die beiden Seiten der Rolle mit Pappe aus dem Papiermüll ab und trug die gefangene Maus in den Garten. Die Kater schauten der Frau vorwurfsvoll hinterher, als sie ihnen ihr Spielzeug wegnahm.

Die Mäusejagd war eine Herausforderung. Die Menschen schliefen bereits, doch die Stubentiger hatten ihre Arbeit noch nicht erledigt. Zu dritt umzingelten sie einen Nager, der Zuflucht in dem Badezimmer im Obergeschoss gesucht hatte. Vergebens. Es war nur noch eine Frage, welche der drei Katzen den ersten Schritt wagen sollte. Lilly spürte bereits das Kribbeln in ihren Pfoten. Sie dachte gar nicht daran, einem von den Katern den Vorrang zu lassen. Doch bevor sie vorpreschen konnte, hatte Meyer bereits zum Sprung angesetzt. Die Maus entdeckte zwischen den Katzen eine Lücke und schlüpfte hindurch. Das Trio jagte hinterher. Der Nager wurde von einer Ecke in die Nächste gedrängt, bis er schwer atmend vor einem Werkzeugkoffer zum Halten kam. BeLucky näherte sich von hinten. Mit einem Satz war er auf dem Werkzeugkasten. Bedingt durch die Unwucht kippte der Koffer nach vorne und begrub die Maus mit einem lauten Knall unter sich. Die Katzen hielten inne und warfen sich irritierte Blicke zu. So hatten sie sich den Ausgang der Jagd nicht vorgestellt. Auch ihre Menschen dürften davon nicht sonderlich begeistert sein. Egal, für heute war die Arbeit der Stubentiger getan. Und bis die Zweibeiner von dieser Missetat erführen, würden sicherlich noch einige Tage vergehen. Erstmal war es wieder an der Zeit, Wände abzuschlecken und sich in weiche Betten zu kuscheln.

19

Gigolo

Franziska Bauer

Für jeden, der auf Urlaub fährt,
sind Heimtiersitter sehr begehrt.
Wer passt wohl auf das Haustier auf,
solange man auf Reisen ist?
Denn Reiseziele gäb's zuhauf.

Vor das Problem in kurzer Frist
sieht sich die Erna jetzt gestellt,
die lang schon einen Kater hält.
So fragt sie denn bei Liese an,
ob diese ihren roten Kater
so lang in Pflege nehmen kann,
wie Erna urlaubt in Jakarta?
Und da die Liese Katzen mag,
erscheint bereits am nächsten Tag
samt Kratzbaum, Schlafkorb, Katzenklo
und einer Ladung Katzenfutter
der rote Kater Gigolo
samt der besorgten Katzenmutter.
Sie weist sogleich die Liese an,
was Gigolo nicht leiden kann
und was er liebt. Die Liese nickt.
Kaum hat sie Gigolo erblickt,
hat er im Sturm ihr Herz genommen.
Er streicht ihr schnurrend um die Beine.
Indes ist Max nach Haus gekommen.
Die Liese fragt ihn, was er meine
zu ihrem neuen Hausgenossen.
Sofort schmiegt Gigi unverdrossen
sich auch dem Max um beide Waden

und schleicht sich ein in dessen Herz.
Was er vollführt an Eskapaden,
Max liebt den Kater und gewährt's.
Beruhigt stellt die Erna fest
ihr Kater ist in guten Händen.
Der Gigolo besorgt den Rest,
und damit lässt sie es bewenden.

Und während Ernas Inselreise
bezirzt auf wunderbare Weise
der Kater seine Heimtiersitter.
Der Abschied wird wahrscheinlich bitter!

Zwar schärft der liebe Gigolo
sehr gern am Teppich sich die Krallen
und nicht am Kratzbaum. „Ist halt so",
meint Max, mit Haut und Haar verfallen
dem lieben Gast im roten Pelz.
Ist alles auch voll Katzenhaar,
was soll's, egal, dem Max gefällt's,
denn Gigolo ist wunderbar.

Dass Erna dann nach knapp zwei Wochen
den roten Kater wieder holt,
hätt' ihnen fast das Herz gebrochen.
„Ich seh, er hat sich gut erholt
auf seinem neuen Pflegeplätzchen.
Er ist ja auch ein liebes Kätzchen."

Max sagt: „Es war uns ein Vergnügen!
Du kannst verlässlich jederzeit,
verreist du, über uns verfügen:
Wir Heimtiersitter steh'n bereit."

(Aus dem Zyklus "Max Mustermann und Lieschen Müller II")

21

Der kleine Ingenieur

Eusebius van den Boom

„Kannst du mich nicht begleiten?" fragte Sandra. „Mir fällt das so schwer. Was ist, wenn der Kleine eingeschläfert werden muss?" Sie war den Tränen nahe. Selbstverständlich begleitete meine Frau Ulrike Sandra mit ihrem kranken Meerschweinchen zum Tierarzt. Um es gleich vorneweg zu sagen: Dem Tierchen fehlte nicht viel, und es wurde schnell wieder gesund.

Im Wartezimmer der Tierarztpraxis saß ein älterer Herr mit einem Vogelkäfig auf dem Schoß, darin ein winziges, rotweißes und ziemlich zerzaustes Fellbündel. Nichtsdestotrotz reagierte das Wuschelchen sofort neugierig auf die beiden Neuankömmlinge in der Praxis und hangelte sich an den Gitterstäben hoch. „Ja, was bist du denn für ein Süßer?" fragte Ulrike höchstentzückt und beugte sich über den Käfig. „Den können Sie haben", grummelte der alte Herr. „Der ist mir zugelaufen, und ich hab 120 Kanarienvögel, da kann ich den überhaupt nicht gebrauchen."

„Der Kleine wäre was für meine Eltern", meinte Ulrike, „die trauern schon seit Jahren ihrem Napoleon hinterher. Aber ich muss sie vorher natürlich erst fragen." Schnell wurde man sich einig und tauschte die Telefonnummern aus. Die Schwiegereltern waren einverstanden, ohne dass sie lange überredet werden mussten, und am Abend nach der Arbeit holten wir den Kleinen bei dem älteren Herrn ab. Das Katerchen hatte inzwischen seine Impfungen und auch bereits den Namen „Ekki" erhalten - eine Verlegenheitslösung, weil der alte Herr mit Vornamen Eckehard hieß. „Wenn Sie wollen, können Sie den natürlich auch umbenennen", grummelte er, während der kleine Ekki auf seinen Schultern herumturnte. Wir versicherten ihm, dass der Name toll sei und wunderbar zu dem kleinen Burschen passe.

Die Fahrt nach Hause verlief undramatisch, und bei den Schwiegereltern angekommen, stand Ekki natürlich im Mittelpunkt und wurde von allen sofort ins Herz geschlossen. Man konnte förmlich zusehen, wie er im Laufe der folgenden Zeit wuchs und dabei immer kräftiger und hübscher wurde. Die Schwiegermutter war seine „Futtermutter" und wurde damit zu seiner wichtigsten Bezugsperson. Schon früh begann sie, mit ihm „Schüli" zu spielen: Da sollte er dann „Sitz" machen, Pfötchen geben und andere kleine Kunststückchen. Da er ein pfiffiges Kerlchen war, hatte er schnell erkannt, dass es dafür jedes Mal eine kleine Belohnung gab, und so machte er eifrig mit. Mit zunehmender Größe hatte er sehr schnell heraus, wie man Türen öffnet, indem man auf die Klinke springt. Zunächst fehlte es ihm noch am passenden Gewicht, doch schon bald klappte auch das. Von da ab war kein Zimmer mehr vor ihm sicher, und die Wohnungstüre musste stets verschlossen werden, wie wir schmerzlich und mehrfach feststellen mussten, nachdem der Kleine durch den Hausflur gewandert und im Keller oder auf dem Speicher verschwunden war.

Ekki war stets an allem interessiert und jeweils ganz besonders neugierig, wenn es um Reparaturen im Haus, um Werkzeug und Handwerker ging. Sobald er merkte, dass irgendwo und irgendwie gearbeitet wurde, war er vorneweg dabei und steckte seine Nase in alles, was er für wichtig erachtete. Insbesondere, wenn Handwerker im Haus waren, kannte er keine Scheu und beobachtete alle Vorgänge äußerst genau. Es schien geradezu, als würde er die Arbeiter überwachen, damit sie auch ja alles richtig machten. Nicht selten stibitzte er ihnen heimlich kleines Werkzeug, auch Nägel oder Schrauben, und versteckte seine Beute irgendwo in einer Ecke oder unter dem Teppich. Ganz besonders liebte und kidnappte er das Instrumentarium, welches die Fußpflegerin oder auch die Friseurin mit ins Haus brachten.

Keine Nagelfeile und keine Schere war vor ihm sicher. Auch aus der Schublade des Beistellschränkchens im Wohnzimmer, die Ekki inzwischen schon längst ganz allein öffnen konnte, verschwanden auf unerklärliche Weise zahlreiche Objekte; diese fanden sich später an den unmöglichsten Orten wieder.

Immer wieder bastelte ich dem kleinen Racker Spielzeug aus den einfachsten Materialien wie Papprollen, und jedes Mal beobachtete er mit größtem Interesse mein Vorgehen aufs Genaueste. Meist verstand er auf Anhieb, was man mit dem „Ding" machen konnte und hatte stets mächtig Spaß. Einmal brachte ich ihm eine im Laden gekaufte Aufziehmaus mit, und schon das Auspacken war für ihn superspannend. Ich zog an der mit einem Ring versehenen Schnur, um den Mechanismus

24

zu spannen, während Ekki meine Handlung genauestens beobachtete. Ich setzte die Maus auf den Boden, und er hechtete hinterher. Soweit – so gut. Das Ganze führten wir gemeinsam noch ein paar Mal durch, und schließlich schaffte es Ekki tatsächlich, sein Spielzeug ganz alleine aufzuziehen, indem er den Ring mit den Fangzähnen festhielt und die Pfötchen mit der Maus weit von sich streckte. Wir staunten alle nicht schlecht. Doch anstatt die Maus loszulassen und hinterher zu springen, hielt er sie fest und genoss sichtlich die Vibrationen beim Abspulen des Mechanismus. Wenn nicht schon vorher, dann spätestens zu diesem Zeitpunkt hieß es dann im Familienkreis, der Ekki sei in seinem früheren Leben ganz bestimmt ein Ingenieur gewesen.

Gerne bauten wir auf dem Tisch ein provisorisches Tor aus einem kleinen Pappkarton auf, und schnippten Bälle darauf. Ekki war jedoch ein hervorragender Torwart und hielt jeden davon. Genauso viel Spaß machte es ihm, sich unter Decken und Bettlaken zu verstecken, dann ließ er sich gerne und bereitwillig durchpummeln. Wie alle Katzen quetschte er sich gerne in kleine Schachteln und Kartons, je kleiner – desto besser und lieber und schaute uns mit siegesgewissem Blick an, als säße der König höchstpersönlich auf seinem Thron. Mit Ekki konnte man sogar „Kuckuck" spielen. Wenn er im Nebenzimmer saß, steckte ich meinen Kopf herein und sagte „Kuckuck!", worauf er ohne zu zögern mit einem „Mau-Mau!" antwortete. Das konnte man zigmal hintereinander machen, und jedes Mal antwortete er mit seinem zweisilbigen „Mau-Mau!". Ja, er war schon ein süßer und hochintelligenter kleiner Kerl. Während andere Katzen auf Baldrian oder Katzenminze abfuhren, bevorzugte Ekki Vanilleduft. Stunden-

25

lang konnte er sich an einem geleerten Vanillinzucker-Tüt-
chen erfreuen und rieb es sich, auf dem Rücken liegend, mit
beiden Vorderpfoten andächtig und hingebungsvoll ins Gesicht, nicht ohne dabei laut zu schnurren. Dass er auf seinen
Namen hörte und „Leckerlecker" sowie einige andere Wörter
verstand, muss ja eigentlich an dieser Stelle überhaupt nicht
mehr erwähnt werden.

Ekki wurde zwölf Jahre alt. Ach, was vermissen wir alle
diesen außergewöhnlichen und einzigartigen Kater, und mit
dem folgenden kleinen Gedicht habe ich versucht, ihm inner-
halb der Familie ein Denkmal zu setzen.

Kater Ekki

Kater Ekki, der Filou,
ist nicht brav wie ich und du.
Er hat seinen eignen Kopf,
steckt ihn in den Bratentopf.
Schnell mal schlecken dies und das –
so macht Futtern richtig Spaß!

Wenn er Durst hat, trinkt er nicht
aus dem Napf, das ist zu schlicht!
Er schleicht stets zur Spüle hin
nach den Tropfen steht sein Sinn –
schleckt vom Hahn sie voller Stolz,
tropft's auf ihn, na ja was soll's?

26

Türen halten ihn nicht auf –
er springt auf die Klinken rauf.
Diese öffnen sich sofort
und er kann zu jedem Ort,
auch dahin, wo er nicht soll,
dort ist´s ganz besonders toll!

Manchmal kommt auch, dann und wann,
jemand mit ´nem Spielzeug an.
Gern hat er ´ne Aufziehmaus –
das Prinzip hat er sofort heraus,
zieht alleine an der Schnur,
meistert Technik mit Bravour.

Pfötchen gibt er, richtig chic,
doch nur mit Belohnungstrick.
Er macht Männchen und auch "Sitz",
wie vom Nachbarn Paul der Spitz.
Plötzlich denkt er sich dann "Nein!
Macht doch euren Kram allein!"

Ekki wird auf einmal still,
wenn´s nicht geht, wie er es will.
Denn schon seit geraumer Zeit
ist er ´ne Persönlichkeit.
Doch den kleinen Tagedieb
haben trotzdem alle lieb.

27

Bauchtanzkostüm zu verkaufen ...

Sandra Brock

Bauchtanzkostüm zu verkaufen, weiss u. silber, Gr. 38/40, gut erh. VB 250 DM. Tel. ...

So oder ähnlich lautete meine Anzeige in der Tageszeitung. An der Währung kann die geschätzte Leserschaft erkennen, dass es sich um eine Geschichte aus längst vergangenen Tagen handelt.

In meiner Zeit als Berufstänzerin musste ich immer wieder neue Kostüme anschaffen und dafür alte verkaufen. In grauer Vorzeit, als man Zeitung noch als Papier hatte und das Festnetz-Telefon an einer Schnur befestigt war. Also im Präkambrium. Oder so. Mindestens aber in einem vergangenen Jahrtausend.

Genau diese Anzeige auf Papier las eine Tanzbegeisterte und nahm den besagten Telefonapparat zur Hand, um mich zu kontaktieren. Bei dem Telefonat stellte sich heraus, dass wir uns erstens sehr sympathisch waren und sie zweitens kein Auto hatte. Allerdings wohnte sie in der Nähe meiner damaligen Tanzschulräume. Ich bot an, das Kostüm mal zur Anprobe vorbeizubringen. Sie freute sich und erwähnte am Rande, dass sie ein paar Katzen und einen Hund habe. Och, das störe mich nicht, erwiderte ich, hatte ich doch selbst einen Dackel, der nach meinem Auszug bei den ehemaligen Erziehungsberechtigten wohnte. Und in meiner Kindheit hatte ich immer Katzen, ich liebte Katzen, ich wollte auch gern wieder welche haben.

Mit großer Vorfreude packte ich das Kostüm ein, schließlich würde ich Katzen treffen, und begab mich zu einer – nun

– schicksalhaften Begegnung. Am Eingang begrüßte mich eine junge Frau in meinem Alter mit schwarzen Locken und – Amor, ein riesiger, sanftmütiger, schwarzer Deutscher Doggenrüde. Und Katzen. Katzen! Alles voller Katzen! Die Tanzbegeisterte war nämlich Katzenzüchterin. Genauer gesagt: Perserkatzen. Flauschig und plüschig tigerten sie durch das Haus und haarten alles voll. Auch den Amor. Und meine Hosenbeine.

Die Herrin des Hauses verschwand begeistert mit dem Kostüm im Gäste-WC, um sich den Traum aus Silberpailletten und weißem Chiffon zwecks Anprobe auf die Figur zu zaubern. Ich wartete derweil in netter schnurrender und maunzender Gesellschaft im Wohnzimmer. Und wurde vollgehaart.

Ein schildpattfarbenes Knäuel von watteartiger Konsistenz strich mir immer wieder um die Beine, dann umgarnte es Amor. Ich kannte es damals noch nicht, dass Katzen und Hunde miteinander klarkommen, war also von der Situation gebührend beeindruckt. Der riesige Rüde lag entspannt da, während Katzenkinder auf ihm Fangen spielten und die Schildpattfarbene ihm mit Hingabe das Fell an der Wange ableckte. Und ihn vollhaarte. Amor ließ alles geduldig über sich ergehen.

Tadaaaaaaa! Die Herrin des Hauses trat aus dem Abtritt und war begeistert vom Kostüm. Sitzt, passt, wackelt und hat Luft, würde man so sagen. Das schildpattfarbene Knäuel wollte aber gern noch selber eine Qualitätskontrolle machen und strich um das Kostüm herum, rieb sich an Rock und Saum und verteilte artig seine langen Haare daran.

„Nein, Cleo, nein!" rief ihr Frauchen aus und machte einen Satz zurück in das WC. Es war ein bemerkenswerter Anblick. Eine schwarzgelockte Haremsdame in einem Traum aus

29

Silberstrass und duftigem Chiffon und Tennissocken, vollgehaart von einer Perserkatze im bahamabeige gefliesten Gästeklo. Ganz apart.

Schnell waren wir uns einig. Das Kostüm gefiel also Tänzerin und Katze. So weit waren wir schon mal. Nun stellte sich aber noch heraus, dass sie grade ein bisschen knapp bei Kasse sei, (die Tänzerin, nicht die Katze, die hätte vermutlich mit Haaren bezahlen wollen), aber dass sie ganz bald einen Auftritt habe (ohne Katze), bei dem das Geld für das Kostüm herauskäme. Nur dafür bräuchte sie halt das Kostüm. Verzwickte Lage. Während wir so verhandelten, turnte die selbstbewusste Cleo unablässig auf mir herum. Im Schlepptau hatte sie ein kleines graues Katzenmädchen mit einem erbarmungswürdig kurzen Näschen und offensichtlicher Atemnot. Nina. Beide waren sehr verschmust und haarten mich voll.

Lange ging es hin und her, es gab noch ne Tasse Kaffee und lustige Gespräche übers Tanzen (offenbar hatte ich eine nette Kollegin kennengelernt), alle Katzen hatten ihren Gefallen daran, mich vollzuhaaren und zu beschnuppern. Ich war so eine Art Katzenzeitung.

Dann klingelte das Telefon. Die Hausherrin eilte hin (ja, es war Festnetz und an einer Schnur, wir erinnern uns, die Sache mit dem Präkambrium), und ich bekam mit, wie sie eine Verhandlung über den Verkauf einer Katze führte. Im Laufe des Gesprächs wurde sie immer ungehaltener und am Ende hörte ich nur noch: „SIE bekommen KEINE Katze von mir!"

Uiiii ... da war aber eine auf Hundertachtzig.

„Was die Leute sich so denken, nur weil ne Katze nicht mehr auf Ausstellung geht, werde ich sie doch nicht verramschen", knurrte sie. Ich fragte sie, was so ne Katze denn koste. 250 DM. Und das sei geschenkt.

Okeeeee … von Katzenpreisen hatte ich keine Ahnung. Dass eine Zuchtkatze zu damaligen Zeiten zu noch höheren Kursen das Körbchen wechselte, war mir bis dato unbekannt. Der Preis war der für eine Katze, die nicht in der Zucht verwendet werden sollte oder nicht mehr auf Ausstellungen gehen sollte. Sogenannte Liebhabertiere. Ich persönlich war ja schon immer der Meinung, dass man alle Tiere liebhaben sollte. Aber das nur so am Rande.

Der Preis von 250 DM wurde aufgerufen für die süße Cleo. Die sich da grade in mein Herz schmuste und mich seit fast einer Stunde vollhaarte. Vermutlich kann sich jetzt schon fast jeder denken, wie die Geschichte weiterging. Ende vom Lied war, dass das Tanzkostüm in den Schrank der schwarzgelockten Dame einzog und Cleo bei uns zuhause. Und weil man Katzen nicht allein halten sollte, gab es das graue Fellknäuel namens Nina noch mit dazu. Die beiden waren zwar keine Schwestern, aber so ziemlich beste Freundinnen. So haarten die beiden Perserplüschprinzessinnen also fortan bei uns die Wohnung voll.

Wenige Wochen nach dem Umzug stand Weihnachten vor der Tür. Wir wollten zu den Schwiegereltern nach Norddeutschland fahren, aber wohin mit unseren Wattewolken? Zum Glück waren die Schwiegereltern tierlieb und boten an, dass die beiden dort auch ein bisschen rumhaaren könnten. Also packten wir alles ein: Näpfchen, Klöchen, Kätzchen, und ab die Post.

Dort angekommen machten sich die beiden Damen durch ihre Niedlichkeit und Freundlichkeit sofort beliebt. Allerdings beäugte mein Schwiegervater argwöhnisch, wie sehr sich Cleo sofort für sein Aquarium interessierte. Wobei die Aufmerksamkeit der Katze sich mehr auf die teuren Diskusfische darin als auf das Becken an sich konzentrierte. Stundenlang saß

Cleo an dem Abend vor der Glasscheibe und schaute fasziniert „Aqua-TV". Nina haarte lieber auf dem Schoß der Schwiegermutter rum und ließ sich den Kragen kraulen. Cleo beobachtete auch aufmerksam, wie der Schwiegervater die Abdeckung beiseite schob, um die Fische zu füttern.

Als wir alle schlafen gingen, saß Cleo immer noch wie festgeklebt vor dem Aquarium. Völlig gebannt starrte sie jeder Bewegung der Objekte ihrer Begierde hinterher. Ich dachte so „Na lass sie doch, irgendwann kommt sie schon schlafen", und wir ließen sie im Wohnzimmer sitzen.

Mitten in der Nacht bekam ich plötzlich ein klammes Gefühl am Bein. Feucht und kalt. Ungemütlich. Ich zog schnell die Bettdecke über mein Bein und bemerkte im Halbschlaf weiche Haare am Schienbein. Nasse weiche Haare.

Am folgenden Morgen, als wir noch im Bett lagen, fütterte der Schwiegervater wieder seine Fische. Und rief nach oben: „Deine Katzen haaren aber wirklich viel, da sind sogar Haare auf der Abdeckung und im Aquarium!"

Au weia. Da hat Cleo in der Nacht wohl einen Angelschein gemacht. Gottseidank hat sie niemanden erwischen können. Schwiegervater hat ihr das zum Glück nicht übelgenommen. Aber beim nächsten Besuch war zur Sicherheit eine feste Abdeckung auf dem Aquarium montiert. Und daneben ein Körbchen, damit Cleo einen bequemen Beobachtungsposten für ihr „Aqua-TV" hatte.

Urlaub? Vergiss es ...

Sandra Brock

Es ist der 23.5.2018, ein lauer Abend, ich habe nach zwei Tanzkursen die Füße hochgelegt, sitze mit dem weltbesten Ehemann auf der Terrasse. Chillen, grillen, Pils'chen killen.

Die sechs Katzen sind unterwegs und suchen ihr abendliches Abenteuerprogramm in den Nachbarsgärten. Dackeline Püppi sucht im eigenen Garten die Maus, Dackelmann Unkas sucht lieber unter dem Tisch. Aber eher so die Reste vom Grillen. Die Sonne geht allmählich unter, und wir planen unseren nahenden Urlaub. Ein beinahe perfekter Abend.

„Tüdellütütüüüt - Tüdellütütüüüt". Telefon. Och neeeeee. Wer ruft denn bitte jetzt noch an? So spät, nach 22.00 Uhr? Eine Bekannte ist dran. Aufgeregt.

„Wir wussten nicht, wo wir uns hinwenden sollen. Du bist die Einzige, die helfen kann. Du machst doch für diesen Katzenverein Pflegestelle. Jemand hat heute bei der Arbeit im Müll ein Katzenkind gefunden, das muss Fläschchen haben, es kann noch nicht allein fressen. Aber meine Bekannte muss morgen arbeiten und kann sich nicht kümmern. Kannst du das Baby nicht nehmen?"

Ach du Schei... benhonig. Ein Flaschenkitten. Auch das noch. Muss das sein? Wir wollen doch nächste Woche in den

Urlaub … und Flaschenkitten habe ich noch nie gemacht. Ich sag im Reflex natürlich: „Klar, bring vorbei!"

Im Hinterkopf rattert schon die Maschinerie der möglichen Optionen. Wo kriege ich jetzt mal eben mitten in der Nacht Kittenmilch her? Wer macht im Moment Flaschenkittenaufzucht, wer hat eine Ammenkatze? Denn wir können kein Kitten gebrauchen, wir wollen in den Urlaub, schließlich hat der weltbeste Ehemann nächste Woche Geburtstag.

Nach einer schnellen Rücksprache mit Natascha, unserer Vorsitzenden von der Katzenhilfe, erhalte ich mehrere Telefonnummern, unter anderem eine Nummer von einer Katzenretterin aus Wesel. Die geht zum Glück ans Telefon, sagt spontan: „Ich hab alles da, komm sofort vorbei."

Fällt was auf? Es ist Nacht, und andere Menschen schlafen schon. Aber die verrückten Katzenretter sind noch wach und in Aktion.

Irgendwas mit 23.30 Uhr oder danach … ich bekomme eine Kurzeinweisung in Flaschenmilchzubereitung und Nuckihygiene, Pupsbäuchleinmassage (so ein kleines Kitten kann ohne Hilfe nicht allein Pipi und Häufchen machen) und erfahre im Schnelldurchgang, was ein Babykatzenkind so alles braucht. Bewaffnet mit Kittenmilch, Aufzuchtfläschen, einer großen Portion Optimismus und einer noch größeren Portion Respekt vor Katzenmüttern fahr ich die 14 Kilometer zurück zum lieben Ehemann, der derweil das Kitten entgegengenommen hat.

Es erwartet mich neben einem blauen Einkaufskorb mit einer noch blaueren Decke ein total begeisterter Ehemann. „Es ist soooo süß. Sooooooooo süß!" Okeeeey, ich bin neugierig. Ist ja nicht das erste Kitten, das ich zu sehen kriege. So als Pflegestelle sieht man viele Kitten.

Langsam nehme ich die oberste Decke ab – vor lauter himmelblauem Fleece sehe ich zunächst – nichts. Dann – da hat was gewackelt. Vorsichtig schiebe ich die Kuscheldecke auseinander, und ein winziges weißes Pfötchen mit rosa Ballen kommt zum Vorschein. Das Kitten liegt offenbar auf dem Rücken, strampelt, und der Bart lugt aus der Decke heraus. Weißes Schnütchen mit schwarzem Kinn. Die kleinen schwarzen Vorderpfötchen strampeln hilflos in der Luft herum, und das Kitten macht seine himmelblauen Babyäuglein auf. Und ich bin mir schlagartig sicher, dass es wirklich das niedlichste aller Katzenbabys ist, das ich je gesehen habe. Ein Black Beauty.

„Mi-i-i-i" ist der helle zaghafte Ton, der aus dem Kitten kommt.

„Mi-i-i-i" und es ist um mich geschehen. Und ich ahne: „Mi-i-i-i" wird der Ton sein, der mich in den kommenden Tagen und Wochen 24/7 beschäftigen wird.

Winzig ist er, passt in eine Hand, drei Wochen alt und ganz allein. Seine Mami verschollen, seine Geschwister tot, er hat als Einziger überlebt. Was für ein Glückspilz – Lucky one! Was für ein kleiner Kämpfer! Ein Krieger! Ein – Schreihals …

Ich dachte „Mi-i-i-i" sei der einzige Ton, den so ein Kitten macht – weit gefehlt. Er soll nun mal Fläschchen trinken, er will aber nicht so richtig. Er strampelt, er schreit, er zetert, er zappelt. Ich bin schwer versucht, ihn aufgrund seiner Stimmgewalt Campino zu nennen. Seine Selbstverteidigungskünste könnten aber auch Bruce Lee zur Ehre gereichen. Bis ich erst mal etwas Kittenmilch in den kleinen Mann abgefüllt habe, sind gut zehn Minuten um. Ich brauch eigentlich ne Dusche. Und ein Pflaster – wer hätte gedacht, dass Kittenkrallen so scharf sein können. Aua, kleiner Krieger, das üben wir aber noch mal.

Aber jetzt kommt der Teil mit dem Pipimachen und Häufchen absetzen. Kitten auf den Rücken drehen, Bauchmassage bis was rauskommt. Aber es kommt nichts. Nada. Niente. Der kleine Babykatzenkrieger ist so leer, dass er nichts zum Kacken hat. Ein paar Tröpfchen Kittypi, und das wars. Er muss seit Tagen gehungert haben, armer Schatz.

Okay, irgendwann müssen alle ins Bett. Unsere großen Katzen genießen noch ihren nächtlichen Ausflug, die Dackel pennen natürlich bei mir mit im Bett, und auch das Kitten kommt mit. Zusammen mit der himmelblauen Kuscheldecke in meine Halsbeuge eingerollt schläft der kleine Kater ein.

4.00 Uhr nachts. „Mi-i-i-i". Hmpf „Mi-i-i-i", wupps, ich bin hellwach. Kleinkaterkind hat Hunger. „Mi-i-i-i" jetzt durchdringend und laut. Vielleicht doch Campino?

Also aufstehen, Fläschchen zubereiten und den ganzen Tanz noch mal. Wir beide brauchen noch etwas Übung. Aber am Ende sind ein paar Milliliter Milch mehr drin als beim ersten Versuch. Wir machen also Fortschritte. Anschließend gibt es wieder kein Kacki, nur etwas Pipi und als Zugabe einen herzhaften Pups. Und anschließend Schlaf für alle. Bis 7.00 Uhr.

So zieht sich der ganze Tag hin. Spätestens alle 3 – 4 Stunden. „Mi-i-i-i". Fläschchentanz, Bäuchleinmassage, Kittypi und Pupsi. Damit der kleine Pupser immer bei mir sein kann und ich trotzdem die Hände frei habe, ziehe ich ein Hoodie falsch rum an, stopfe mir die Kapuze vorne nach innen und platziere in Känguruhmanier das Babykätzchen in den Pulli. Mein Respekt vor (Katzen)müttern steigt ins Unermessliche.

Am Spätnachmittag kommt der beste Ehemann von allen heim, er übernimmt die Abendschicht. Ich fahre zu meiner Tanzschule und mache meinen Job. Ziemlich müde, aber glücklich kehre ich heim zu meinen „Jungs" und stelle fest, dass der beste Ehemann auch der beste Katzenpapa ist. Er hat mit Klein-Furzi schon den Fläschchentanz aufgeführt und saubergemacht.

Ach, was ist das schön, wenn man heimkommt und das Baby schon gefüttert und gewindelt ist.

Aber eine Frage treibt uns um, eigentlich wollten wir in der nächsten Woche ein paar Tage auf den Campingplatz, Kurzurlaub in der Eifel. Wohin mit dem kleinen Katzenkaterkind? Wir überlegen hin und her, vor und zurück, Klein Furzi mitnehmen oder was? Und irgendwie merken wir, wir möchten ihn gar nicht mehr hergeben. Pflegestelle, Ammenkatze? Alles vom Tisch.

Ihr ahnt es vermutlich schon, der Urlaub fällt aus, den verbringen wir daheim bei unserem ... ja, wie soll er nun heißen? Blacky? Lucky? Campino? Bruce? Oder doch Furzi? Der beste Ehemann von allen schaut mich an und erwidert: „Nein, ich denke, wir sollten ihn ganz anders nennen. Er hat so hart gekämpft um sein Leben, ich denke, er ist ein Wikingerkrieger. Er ist ein Ragnar."

Übrigens: Sein erstes Kriegerkacki hat er mir drei Tage später ins Dekolleté gepupt.

37

Möhre und Cassie, eine ungewöhnliche Beziehung

Sandra Brock

2019 war ein Jahr der Kittenschwemme. In wechselnder Besetzung tummelten sich bis zu acht kleine Pelznasen bei uns auf der Pflegestelle, unter anderem ein munterer roter Kater mit seinen Geschwistern. Nach und nach wurden die Kätzchen vermittelt, seltsamerweise interessierte sich aber niemand für den roten Kater. Seine Fellfarbe war verantwortlich für seinen Namen: Möhre.

Normalerweise sind die roten Katzen immer schnell vermittelt, an seinem Aussehen konnte es also nicht liegen. Er war aufgeschlossen, sozial, freundlich gegenüber Menschen – mit seinem Verhalten war auch alles in Ordnung. Wir konnten wirklich nicht verstehen, warum sich niemand für den schönen Möhre begeisterte.

Kätzchen zogen ein und aus, und das Möhrchen saß auf der Pflegestelle fest. Dann bekamen wir ein weiteres Kitten, das zunächst in die Quarantäne musste. Es war ein bräunliches Tigerchen mit goldfarbenem Bauch – leider war dieser Bauch völlig aufgebläht.

Das Kitten war mutterseelenallein in einer Ackerfurche am Waldrand von einer aufmerksamen Hunde-Gassigeherin gefunden worden. Sie brachte das kleine Häufchen Elend umgehend zu ihrer Tierärztin, die glücklicherweise im Tierschutz aktiv war. So kam der kleine Mann zur Katzenhilfe Bocholt.

Er braucht einen Namen, in den er reinwachsen konnte. Und „Cassius" gefiel ihm. Für den Moment genügte aber noch „Cassie".

Er saß nur da und hatte Bauchschmerzen. Man sah ihm an, dass es ihm nicht gutging. Ich habe ihn auf den Arm genommen und sein Bäuchlein gerieben, damit er endlich tüchtig pupsen konnte, und nach ein paar Minuten hat er gefurzt.-

Danach ging es ihm viel besser, und er fühlte sich deutlich wohler. Jetzt war das Bäuchlein leer und musste neu gefüllt werden – mit Kittenfutter. Er fraß und fraß und fraß, das Bäuchlein füllte sich, bis er schließlich aussah wie eine Kugel mit vier Pfoten. So lebte er einige Tage in unserer Quarantänezone, während im großen Raum die gemischte Kittenbande munter herumtobte. Nach drei Tagen war er „chemisch gereinigt", also parasitenfrei, und konnte in die Gruppe integriert werden.

Er fand sofort Anschluss bei Möhre. Der hatte nämlich immer wahnsinnig gerne die anderen Katzen geputzt, die aber fanden das nervig und entzogen sich häufig durch Flucht seiner übertriebenen Fürsorglichkeit. Cassie hingegen fand das großartig.

Er rollte sich von rechts nach links und von links nach rechts und ließ sich mit wachsender Begeisterung sein kugelrundes Bäuchlein putzen. Den ganzen Tag taperte er hinter Möhre her wie ein Schatten. Möhre ging in seiner neuen Rolle als Patenkater vollkommen auf. Mit dem Kleinen im Schlepptau ging's an den Futternapf, auf den Kratzbaum und sogar aufs Klo. Es entwickelte sich eine ganz wunderbare Katerbeziehung. Wenn Möhre schnurrte und sich irgendwo hinlegte, kam Cassie gleich dazu, kuschelte sich an und schnurrte ebenfalls.

Und dann machte ich eine Entdeckung, die ich so noch nie gesehen hatte. Möhre legte sich auf den Rücken, präsentierte sein Bäuchlein, Cassie kam, dockte bei ihm am Bauch an, pfotelte durch das Fell und begann bei ihm zu nuckeln. Möhre benahm sich wie eine säugende Kätzin. Liebevoll kümmerte er sich um den Kleinen, umarmte und putzte ihn, und uns war völlig klar: Das ist eine Freundschaft fürs Leben.

Der anfangs so schüchterne Cassie wurde an der Seite von Möhre immer selbstbewusster und blühte richtig auf. Da wir ja unsere Kätzchen grundsätzlich nur zu zweit vermitteln oder zu einem anderen Kätzchen dazu, gab es diese beiden nur im Doppelpack.

Plötzlich interessierten sich mehrere Leute für Möhre, doch wollten sie nur ihn allein haben. Vermutlich hatte der Film über den Straßenkater Bob einen Nachfrageboom nach roten Katern ausgelöst. Diesen Trend haben wir natürlich nicht unterstützt.

So kam es, dass die beiden gemeinsam mit noch vier weiteren Katerchen, alle unter einem Jahr alt, ein halbes Jahr lang weitere Aufnahmen in die Pflegestelle blockierten, weil wir schlichtweg voll waren. Wir hatten zu der Zeit sieben eigene Katzen, deswegen stand es außer Frage, die Pflegis in unsere Gruppe zu integrieren.

Die Junggesellen-WG richtete sich also gemütlich ein und zerlegte systematisch die Kratzbäume.

Dann kam im März eine große gesellschaftliche Herausforderung auf uns zu – wir mussten Abstand halten. Und ausgerechnet in der Zeit meldeten sich endlich die richtigen Menschen für unsere Schützlinge. Sowohl die Vorbesuche als auch die Kontrollen in den potenziellen neuen Heimen unterlagen jetzt besonderen Bedingungen. Wir waren dazu gezwungen, einiges davon virtuell zu machen.

Ein Interessentenpärchen wohnte zudem um die 100 km weit entfernt. Wir tauschten Videos aus, von den Katzen, aber auch von der Wohnung, wo die Katzen einziehen sollten.

40

Beim Kennenlernbesuch auf der Pflegestelle waren Möhre und Cassie sofort von dem Pärchen begeistert. Das war – mit Abstand – die interessanteste Vermittlung seit langem.

Schnell war klar, dass die beiden Jungs aus der WG ausziehen sollten. Am Umzugstag ging Möhre problemlos in die Transportbox, Cassie zierte sich. Und während der ganzen Fahrt gab es das Musical „Cats" mit der Arie *Vom eingesperrten Kater*.

Rasch eroberten die beiden die Wohnung und betätigten sich als Innenarchitekten. Die neuen Menschen berichteten von der Eingewöhnung der beiden kleinen Abenteurer, über abgeräumte Schränke und zerstörte Lampen, aber das sahen sie als normal an. Cassie entwickelte sich zum Alleinunterhalter im abendlichen Showprogramm, Möhre war und ist immer noch der „Schmusilator".

Die beiden haben es perfekt getroffen.

 *Das ist Teil Eins der Geschichte. Wollt ihr gern wissen, wie es mit den beiden weiterging? Das neue Frauchen hat einen typischen Tag im Leben von Möhre und Cassie aufgeschrieben. Ihr findet diesen Teil Zwei auf Seite 168.*

41

Über Tische und Bänke

Nadine Buch

„Frau Becker, bitte!", sagte die Tierarzthelferin laut und lächelte der Dame zu, die sich mit Mühe von ihrem Stuhl erhob. Schnaufend betrat diese das Behandlungszimmer und stellte den Katzenkorb auf den Tisch.

„Na, wen haben wir denn heute?", meinte Frau Dr. Frank und wandte sich der fülligen Blondine zu, der bereits Schweißperlen auf der Stirn standen.

„Peterle", brachte Frau Becker kurzatmig hervor und präsentierte ihren Lippenstift, der auf ihren gebleichten Zähnen klebte. Sie hielt den Impfpass wie eine Friedensfahne in die Höhe.

„Ist er mal wieder fällig? Der alljährliche Check und einmal impfen?", fragte die Ärztin.

Als hätte es Peterle genau verstanden, entließ er ein tiefes Brummen aus dem Dunkel des Korbgeflechtes.

„Da hat aber einer so gar keine Lust, nicht wahr? Brauchen wir Hilfe oder lässt er sich anfassen?"

Mit einem Blick über die Brille schaute die Ärztin zu Frau Becker empor.

„Jaja, geht schon. Der tut nix."

Kaum gesagt, nestelte Frau Becker mit ihren dicken Fingern am Verschluss des Transportbehältnisses. Die lackierten Nägel drohten abzubrechen, während Peterles Frauchen einem Herzinfarkt nahe war.

„Heiß heute, nicht wahr?", säuselte Dr. Frank, die versuchte, der äußerst nervösen Tierbesitzerin zu helfen.

Als der Knoten des provisorischen Verschlusses endlich gelöst war, schob sich ein großer Kopf aus der Sicherheit der Höhle. Missgelaunt ließ der Kater einen skeptischen Blick durch den Raum schweifen.

Frau Becker langte kurzum zu und offenbarte das ganze Ausmaß.

„Ist er nicht ein Prachtkerl?", fragte sie und zeigte noch mehr ihrer blendend weißen Zähne.

Frau Dr. Frank war nicht in der Lage, zu sprechen. Sie legte ihre Hand auf den Mund und flüsterte: „Ja, er ist ..."

Dick, wollte sie sagen. Doch schluckte sie das Wort im letzten Moment hinunter. Stattdessen meinte sie: „Er sieht Ihnen sehr ähnlich. Wie gemacht für Sie."

Für einen kurzen Moment starrte Frau Becker die Ärztin an, Peterle unter seinen Achseln haltend, der wie ein schlaffer Bettvorleger mit seinem ganzen Gewicht nach unten hing.

„Ah, meinen Sie? Das hat mir noch nie jemand gesagt", entgegnete Frau Becker konsterniert und wuchtete den übergewichtigen Kater auf den Behandlungstisch.

Die Ärztin räusperte sich und begann, dem Tier zunächst in die Augen zu leuchten und anschließend ins Maul zu sehen.

„Das Gebiss ist hervorragend. Kein Zahnstein, keine Entzündung – einfach perfekt!"

Frau Becker streckte ihre voluminöse Brust vor Stolz heraus und grinste, sodass ihre Augen tief hinter den Schlupflidern verschwanden. Sie wedelte sich mit ihrer Hand Luft zu und meinte: „Wie meins. Ich war letzte Woche erst beim Zahnarzt. Dieser hat mich gelobt, dass ich immer noch so tolle Beißerchen habe. Und das in meinem Alter."

Frau Dr. Frank zwang sich zu einem Lächeln, im Wissen, dass dieses Weiß unmöglich der Natur zu verdanken war.

„Wir müssten Peterle einmal rumdrehen. Ich möchte seine Temperatur messen."

Das Lächeln verschwand aus Frau Beckers Gesicht.

„Sie wollen doch nicht etwa …"

„Doch, ich muss. Bitte einmal rumdrehen und vorne festhalten", sagte die Tierärztin entschieden und griff beherzt zu.

Der, der weder gefragt, noch um sein Einverständnis gebeten worden war, antwortete mit einem heftigen Fauchen.

„Sind Sie sicher, dass das geht, oder sollen wir doch lieber eine Helferin dazu holen?"

„Aber was glauben Sie …? Mal davon ab … Stellen Sie sich doch mal vor, wenn Ihnen jemand ein Thermometer in den Allerwertesten steckt. Da würden Sie auch protestieren", antwortete Frau Becker und schob ihre Brille zurecht. Die Schweißperlen waren inzwischen mehr geworden, schafften es jedoch nicht, den blumigen Parfum-Duft zu überdecken.

In dem Moment fauchte Peterle erneut und schlug mit der Vorderpfote.

„Frau Becker, so geht das nicht. Sie müssen festhalten. Ich denke, es ist besser, wenn ...“

Die Tierärztin öffnete die Tür einen Spalt breit und rief: „Anita, kommst du kurz den Kater halten?“

Gleich darauf erschien eine zierliche Fachangestellte, die von Frau Becker abschätzig von oben bis unten abgescannt wurde.

„Keine Sorge, ich mache das nicht das erste Mal“, bestätigte die Helferin mit einem engelsgleichen Lächeln, der die Blicke der Tierbesitzerin nicht entgangen war.

Während Frau Dr. Frank am hinteren Ende der Katze auf das erlösende Piepen des Thermometers wartete, beruhigte Anita den vorderen Teil des Katers. Mit mäßigem Erfolg. So war das Brummen zu einem drohenden Knurren angeschwollen, sodass jeder im Raum den Eindruck erhielt, dass es sich bei dem Patienten vielmehr um einen Tasmanischen Teufel handelte, anstelle einer Europäisch Kurzhaar.

Dann ertönte das Zeichen zur Entspannung.

„Temperatur normal. Frau Becker, geht es Ihnen gut?“

Frau Becker lehnte an der Wand.

„Es ist einfach zu warm. Einfach ... einfach zu viele Leute in dem kleinen Raum“, antwortete diese und fächerte immer hektischer mit ihrer Hand nach Luft.

„Anita bringt Ihnen ein Glas Wasser. In der Zwischenzeit höre ich Peterle ab und bereite die Spritze vor. Wenn es recht ist ...“

Doch die Tierbesitzerin nickte nur und rettete sich auf den Stuhl, der in der Ecke stand.

Nachdem Anita ihr das Glas Wasser überreicht hatte, war auch Dr. Frank bereit: Die Nadel der Spritze zeigte bedrohlich zur Decke des Raums.

Unter einem Schnaufen schaffte es Frau Becker, ihrem Tier physisch zur Seite zu treten, als die Helferin den Kater mit einem geübten Griff in die Mangel nahm. Die Ärztin hatte inzwischen eine geeignete Stelle im Fell des Patienten gefunden und platzierte die Injektion zielgerichtet.

Im gleichen Moment ertönte ein Kreischen, das dem Urschrei eines Tigers glich, untermalt von einem Knurren und Fauchen, das auch der tierärztlichen Belegschaft gehörigen Schrecken einjagte. Frau Becker riss ihre Arme in die Luft, während Peterle nach vorne schoss, über die Tastatur des PC und am Monitor hinauf hechtete, der unter lautem Gepolter umfiel. Mit einem geschickten Sprung verkroch sich der vom Leid geplagte Kater hinter dem Ultraschallgerät.

„Getroffen. Spritze ist leer", triumphierte Frau Dr. Frank.

Frau Becker, die mit offenem Mund dastand, tropfte ihr Sprudelwasser von ihren einst penibel frisierten Haaren. Ein Anblick, den weder Dr. Frank noch Anita je vergessen würden.

46

Finduline

Anke Elsner

Nie werde ich den Urlaub vergessen, den ich als Kind mit meiner Mutter in einer Pension auf dem Land verbrachte. In den ersten Tagen fühlte ich mich ausgesprochen einsam: die täglichen Wanderungen durch eine Landschaft, die mich wenig interessierte, keine Altersgenossen zum Spielen, und Kühe konnte man auch nur aus der Ferne bestaunen.

Doch eines Nachmittags beobachtete ich eine graugetigerte Katze, die den Bauernhof nebenan verließ, um in der Nähe der Toreinfahrt im dichten Gras zu verschwinden. Was für eine spannende Entdeckung, vor allem, weil ich seit den Büchern mit „Findus" Katzen von allen Tieren am meisten liebte. Leise näherte ich mich der Stelle, an der ich sie zuletzt gesehen hatte – doch nichts, keine Spur von dem Tier. Enttäuscht suchte ich die Gegend ab, aber leider ohne Erfolg. Glücklicherweise bekam ich die Erlaubnis, am nächsten Tag den Nachbarhof aufzusuchen. Vor lauter Aufregung konnte ich kaum einschlafen.

Noch vor dem Frühstück verschwand ich aus der Pension, um nach der Katze zu suchen. Vorsichtig betrat ich den fremden Hof. Die Angst, gesehen zu werden, ließ mich geduckt an der Stallwand entlangschleichen. Wahrscheinlich würde man mich direkt wegschicken, wenn man mich erwischte. Ängstlich schaute ich um die Ecke … „Na, wer bist du denn?" Vor mir stand eine Frau mit Kopftuch und Kittel, in der einen Hand eine Art Schemel, in der anderen einen Eimer. Vor Schreck konnte ich kein Wort herausbringen. „Wolltest du dir die Kühe anschauen?" Zaghaft schüttelte ich den Kopf. „Die Schweine?" Wieder ein Kopfschütteln. „Ah, jetzt weiß ich es – die kleinen Katzenbabys möchtest du sehen!" Verwundert

47

schaute ich die Frau an. Katzenbabys? Schmunzelnd deutete sie hinter sich. „Dann komm ruhig mit, die liegen hinten im Stroh, die Mama ist gerade bei ihnen."

Aufgeregt lief ich hinter der Bäuerin her, bis sie plötzlich vor einer scheinbar leeren, nur mit Stroh ausgelegten Box stoppte. „So, jetzt schau mal, da hinten in der Ecke. Aber geh nicht zu nah ran, die Alte mag das nicht so gerne. Du kannst gerne hierbleiben, ich muss jetzt allerdings weiterarbeiten." Mit diesen Worten verschwand sie von meiner Seite. Vorsichtig bewegte ich mich auf die entsprechende Stelle zu, und wirklich, dort lag die Graugetigerte mit vier kleinen mauzenden Fellknäueln und blickte mich aus großen Augen an. Als ich mich noch weiter näherte, verzog sich ihr Maul zu einem leisen Fauchen. Sofort blieb ich stehen. Als Stadtkind fehlte mir die Erfahrung mit Tieren, aber mein Instinkt sagte mir, lieber eine bestimmte Grenze nicht zu überschreiten. Also ließ ich mich in den Schneidersitz nieder und vergaß alles um mich herum – bis auf die Katzen.

Obwohl ich mir an dem Tag wegen meines unerlaubten Verschwindens jede Menge Ärger einhandelte und sich schon sehr schnell herausstellte, dass meine Mutter unter einer Katzenallergie litt, konnte mich nichts von den Tieren fernhalten. Dafür ging ich ab sofort ohne mich zu beschweren jeden Wanderweg mit, lief unter die Dusche, sobald ich in die Pension zurückkam, und achtete immer darauf, pünktlich zu den Essenszeiten zurückzukommen. Die übrige Zeit saß ich in der Stallbox.

Schon am dritten Tag hörte das Fauchen auf, sodass ich es wagte, ein wenig näher zu rücken. Am vierten Tag erlaubte mir die Bäuerin, der Katze ein kleines Schälchen mit Rahm hinzustellen „Weil es grad ein bisschen anstrengend ist für sie", erklärte mir die Frau mit einem Augenzwinkern. Ein paar Tage später durfte ich Finduline, wie ich das Tier getauft hatte, sogar streicheln. Doch eines Morgens – ich saß wieder im Stall – sah ich plötzlich, wie die Katze ein Junges scheinbar in den Nacken biss. Voller Panik öffnete ich den Mund, um die Bäuerin zu rufen, aber nur ein Keuchen kam über meine Lippen. Entsetzt beobachtete ich, wie Finduline aufstand, während das Kleine schlaff in ihrem Maul hing. Vorsichtig bewegte sie sich auf mich zu. Wollte sie mir die Leiche bringen? Sollte ich sie begraben?

Doch kaum hatte sie das Fellknäuel in meinem Schoß abgelegt, begann dieser Winzling zu mauzen. Erwartungsvoll blickte mich Finduline an. Zaghaft begann ich, über den kleinen Körper zu streicheln, und schon nach ein paar Sekunden vernahm man nur noch ein leises Schnurren. Als ich später der Bäuerin aufgeregt von meinem Erlebnis erzählte, musste sie lächeln: „Das ist ganz normal, dass eine Katzenmama ihr Junges im Nacken festhält und irgendwohin trägt. Aber dass sie dir das Kleine gebracht hat, darauf kannst du richtig stolz sein."

Irgendwann – in meinen Augen viel zu schnell – verging auch dieser Urlaub. Bei meinem tränenreichen Abschied strich mir die Bäuerin tröstend über das Haar und drückte mir einen großen Umschlag in die Hand. „Aber erst nachher aufmachen!"

Die ganze Heimfahrt saß ich mit einem Kloß im Hals auf der Rückbank unseres Autos. Kaum zu Hause, rannte ich in mein Zimmer, um endlich den Umschlag zu öffnen: In ihm befand sich ein großes Foto von Finduline mit ihren Katzenbabys, und es sah aus, als lächelten mich alle an. Dieses Bild hing lange Jahre über meinem Bett, denn die Erlebnisse mit den Katzen gehören zu den schönsten Erinnerungen an meine Kindheit.

Die weltbeste Manipulation

Kristin Fieseler

Ich kann exzellent fauchen. Erst gestern musste ich dem Nachbarskater erklären, wo es lang geht. Er ist gut fünfzehn Jahre älter als ich und meint, er könnte in meinem Revier herumspazieren. Da hat er aber die Rechnung ohne meine Faucherei gemacht.

Übrigens, mein Fell ist viel schöner als seines. Ich habe ein rotgetigertes Fell, und der Nachbarskater hat so ein geflecktes, schwarz-weißes Fell wie eine Kuh. Ich finde, Katzen mit getigertem Fell können nicht nur besser fauchen, sie können auch besser ihre Menschen manipulieren.

Wie gut ich meine Menschen manipuliere, erkenne ich auch an ihrem überaus interessanten Quiekverhalten. Letzte Woche habe ich mal wieder mit einer Maus Volleyball gespielt. Und meine Menschen haben gequiekt. An der Höhe des Quiektons erkenne ich jedes Mal, ob es Entsetzen oder Freude ist. Der Quiekton des Entsetzens ist ein wenig niedriger. Ja, der Quiekton war niedriger, als sie gesehen haben, dass mein Volleyball eine Maus war.

Ebenso beachtenswert sind meine Markierungskünste. Die vollführe ich mit Vorliebe an der Bettwäsche meiner Menschen. Dann kommt wieder der niedrige Quiekton, wenn sie es entdeckt haben. Ja, ich manipuliere sie mit meinem Markieren, denn, sobald ich markiert habe, machen sich meine Menschen Gedanken, was mir wohl fehlen könnte. Ob sie mich wohl zu wenig rauslassen würden oder ob ich Hunger hätte. Wenn ich es übertreibe, fällt dann schon mal der Satz, ob ich denn zum Tierarzt müsste. Da muss ich aufpassen, denn zum Tierarzt gehe ich nicht so gerne.

Es gibt aber noch eine andere Methode sie zu manipulieren - die Kuschelmethode. Wenn ich mich an meine Menschen rankuschle, dann sind sie nach der Kuschelattacke oft superfriedlich. Meistens bekomme ich danach als Belohnung kleine Knabbersnacks zum Fressen angeboten.

Einer der größten Coups der Manipulation ist mir heute gelungen.

Es war schrecklich, meine Menschen hatten kein Dosenfutter mehr für mich zuhause. Und es galt mehrere Hindernisse zu überwinden. Erstens: Das Wetter war so gut, dass meine Menschen sich im Garten gesonnt haben und zweitens – sie haben geschlafen. *Wie kriege ich sie bloß wach?* dachte ich mir. Eine echte Herausforderung. Ich organisierte mir eine Volleyball-Maus, aber die Menschen waren nicht wach zu kriegen. Ich maunzte so laut ich konnte, keine Reaktion. Ich wollte schon aufgeben, da kam mir eine geniale Idee. Ich lief zum Nachbarskater, und wir lieferten uns ein kleines Fauch-Battle. Als ich dann zu meinen Menschen zurückkam, sah ich schon an ihrem Blick, dass sie besorgt waren.

Wach waren sie also, nun musste ich sie noch davon überzeugen, dass sie mir neues Dosenfutter besorgen mussten. Als erstes strich ich ihnen um die Beine, Aktion Kuschelattacke. Aber diesmal - keine Reaktion. Ich ging nach drinnen, maunzte laut und lief Richtung Kühlschrank. Endlich standen meine Menschen von ihren Gartenstühlen auf und kontrollierten tatsächlich brav den Inhalt des Kühlschrankes. In der Zwischenzeit markierte ich eines der hässlichen Kopfkissen im Wohnzimmer, um keine Missverständnisse aufkommen zu lassen. Es fiel wieder die Bemerkung, dass ich Hunger haben könnte. Aber was war das? Meine Menschen diskutierten, ob es noch Zeit haben könnte. Just in dem Moment entdeckten sie die leblose Volleyball-Maus, und sie quiekten. Da hatte ich wohl übertrieben. Es lenkte sie total ab. Sie dachten überhaupt nicht mehr an mein Fressen.

Aber ich hatte Glück, Mutter Natur kam mir zu Hilfe und schickte eine Wolke voll Regen. Und so war das Thema Sonnen erst mal erledigt. Und keine halbe Stunde später hatte ich einen vollen Napf. Und als Belohnung bekamen meine Menschen eine Portion Kuschelattacke und ich zum krönenden Abschluss ein paar kleine Snacks.

Aber nun zum größten Coup aller Zeiten: Ich habe meine Menschen dazu gebracht, über mich zu schreiben. Wenn das nicht die weltbeste Manipulation einer getigerten Katze ist.

Nachts

Maxi Forteller

Erschrocken schlug Carolin die Augen auf. Ihr Herz raste, die Umgebung war stockfinster. Etwas hatte den Schlaf plötzlich beendet. Ein bedrohliches Geräusch, das ihr signalisierte, sie solle besser liegenbleiben und sich schlafend stellen. Dem Urinstinkt folgend lauschte sie mit angehaltenem Atem, wartete darauf, dass sich der Laut wiederholte. Als nichts geschah, linste die junge Frau vorsichtig unter der Decke hervor, bemüht, sich dabei nicht zu bewegen. Es war nichts auszumachen, die Spannung ließ ein wenig nach. Bestimmt nur ein schlechter Traum, kein Wunder nach dem spannenden Film am Vorabend. Trotzdem war sie nun hellwach, weiterschlafen undenkbar.

Da! Wieder der Laut! Eindeutig im Haus, und er kam näher. Aus dem oberen Stockwerk ertönte ein Schleifen. Eiskalte Schauer überliefen sie, sofort geriet Carolin in Panik. Einbrecher vielleicht? Osteuropäische Banden zogen seit Wochen durch die Region, bekannt dafür, brutal vorzugehen, wenn man sich ihnen in den Weg stellte.

Oder noch Schlimmeres? Ein verrückter Vergewaltiger? Offenbar versuchte jemand, leise zu sein.

Automatisch blickte sie neben sich: Die zweite Hälfte des Bettes war kalt und leer, ihr Mann weit weg auf Geschäftsreise. Allein musste die zierliche Frau mit dem nächtlichen Schrecken fertig werden. Ihr dämmerte, dass das Auto nicht wie sonst vor der Tür parkte. Wahrscheinlich rechnete darum keiner damit, dass jemand zuhause war. Also stand es fest: Diebe. Abermals das unheimliche Geräusch, als würde etwas über den Boden gezerrt. Diesmal gefolgt von einem Rumpeln, das Carolins Herz fast zum Stillstand brachte. Danach hämmerte es in der Brust, kalter Schweiß brach aus. Half es, sich tot zu stellen und zu hoffen, unter der Decke übersehen zu werden? Nein, wenn man sie fand in ihrem kurzen Nachthemd … Carolin wollte gar nicht darüber nachdenken. Einbrecher konnten schnell zu Vergewaltigern werden, wie in dem gestrigen Film. Am besten wäre wohl, die Polizei zu rufen, ehe die Eindringlinge zu ihr herunterkamen.

Das Telefon befand sich im Arbeitszimmer. Um dorthin zu gelangen, musste die Verängstigte über den Flur gehen, welcher von der Wendeltreppe gut einsichtig war. Doch das blieb die einzige Chance. Zitternd stand Carolin auf und erschrak, als es erneut polterte. Nicht sehr laut, genau so, als versuche jemand, nicht bemerkt zu werden. Unsicher schlich die Hausbesitzerin zur Schlafzimmertür und spähte hinaus. Niemand war zu sehen, kein Licht drang herab.

Carolin nahm ihren ganzen Mut zusammen, um hastig und möglichst lautlos aus dem Schlafzimmer in den Flur zu laufen. Vor dem Büro blieb die junge Frau stehen. Die Tür würde beim Öffnen quietschen. Bebend legte Carolin die Finger auf die Klinke, den Blick weiter auf die Treppe gerichtet. Wieder das schleifende Geräusch, näher diesmal, schon an der obersten Stufe. Vor Schreck konnte die panische Hausherrin nur noch hochschauen wie ein hypnotisiertes Kaninchen. Ihr Herz wollte aus der Brust springen, so schnell schlug es.

„Klonk!" machte es auf der ersten Treppenstufe.

Es klang nicht nach Schuhen, vielmehr musste das Geräusch etwas Kleines sein. Die Hand lag verkrampft auf der Türklinke, doch Carolin konnte sie nicht drücken, war paralysiert vor Angst.

„Klonk!" auf der nächsten Stufe. Gleich würde die Schreck-erstarrte im Blickfeld des Eindringlings sein.

Etwas Haariges glitt seitlich durch die Geländerstäbe. Dieses Etwas kannte sie. Die schweißnassen Finger entspannten sich.

„Klonk!"

Nach wie vor zitterten die Glieder wie Espenlaub, doch der Puls beruhigte sich allmählich. Als der Kater mit einem ungewöhnlichen „Klonk! Klonk! Klonk!" die Treppe herunter hoppelte, sah Carolin ihn strafend und erleichtert an. „Warum habe ich nicht gleich an dich gedacht?", fragte sie sich. „Was zur Hölle schleppst du da herein, Fritz?" Es hatte ihren Nachtschlaf gekostet und sie zu Tode erschreckt! Endlich war der Blick auf das Tier und sein Mäulchen frei.

Lebendige Mitbringsel waren nichts Ungewöhnliches, doch was Fritz nun brachte, verschlug seinem Frauchen kurz den Atem, dann brach es in hysterisches Kichern aus. Nicht Einbrecher, Mörder oder Vergewaltiger hatten ihr solche Angst eingejagt, nein, der Kater hatte Beute gemacht – und was für eine! Lachtränen liefen über Carolins Wange.

Triumphierend sah Fritz aus goldenen Augen zu ihr auf, als wollte er sagen: *Schau nur, ich habe dir etwas ganz Besonderes mitgebracht!* Der stolze Jäger ließ den Fang fallen, das bekannte „Klonk!" ertönte, dann aufgeregtes Miauen. Der Kater strich um ihre Beine und verlangte nach Beifall.

„Willst du mich auf den Arm nehmen? Dafür soll ich dich loben? Nicht nur, dass du mir eine riesen Angst eingejagt hast, auf das da solltest du nun wirklich nicht stolz sein! Du hast die Maus nicht selbst erjagt, sondern nur gefunden", betonte Carolin streng.

Der Schreck saß der Tierfreundin tief in den Gliedern, doch sie machte sich auf, eine Plastiktüte zu suchen, um das Raubgut zu entsorgen. Wieder lachte Carolin, streichelte dem Gauner über den weichen Kopf und gab ihm das Leckerchen, das er seiner Meinung nach sehr wohl verdient hatte. *Nun,* dachte Carolin, *diese Premiere muss gefeiert werden.* Vorsichtig nahm sie die Beute hoch und versenkte sie in der Tüte.

Eine Maus, gefangen in einer Mausefalle, hatte Carolin bisher noch nie von einem männlichen Wesen geschenkt bekommen.

Katze Kiki geht auf die Bocholter Kirmes

Ruth Funke

Vor etwa zwanzig Jahren bekamen wir unsere erste Katze. Unsere Kinder waren noch klein und ganz aufgeregt, als wir Kiki eines schönen Tages im Mai von einem Bauernhof abholen konnten. Kiki war ein kleines Katzenmädchen von zehn Wochen und ganz schwarz bis auf einen kleinen weißen Fleck auf der Brust und wir schlossen sie sofort in unser Herz.

Kiki war sehr zutraulich und verspielt, jedoch auch ein bisschen verrückt. Nach vier Wochen ließen wir sie das erste Mal in den Garten, und es dauerte nicht lange, da war sie auch schon verschwunden. Nach stundenlanger Suche in allen Nachbargärten fanden wir sie ein paar hundert Meter weit entfernt ganz entspannt auf dem Schoß eines netten Herrn sitzend und gemütlich schnurrend. Offensichtlich hatte das dort stattfindende Grillfest Kiki angelockt und sie hoffte, dass dort wohl etwas für sie abfiele.

Kiki entpuppte sich sowieso als ausgesprochen ausflugslustige Katze, die glücklicherweise meist nach ein paar Stunden wieder in den heimatlichen Garten zurückfand. Zur Sicherheit jedoch wurde an ihrem Halsband ein Anhänger befestigt, in dem sich ein kleines Papierstück mit unserer Adresse und Telefonnummer befand, falls sie sich doch einmal weiter weg wagen und nicht mehr zurückfinden würde.

Zur Bocholter Kirmes im Oktober fuhren wir dann – natürlich sehr zum Leidwesen der Kinder – für eine Woche nach Kreta in den Urlaub. Unsere Nachbarn übernahmen in der Zeit die Aufgabe, Kiki zu füttern und sie raus- und reinzulassen. Daher schrieben wir für diese Zeit die Adresse und Telefonnummer der Nachbarn in Kikis Anhänger.

Am Kirmesmontag nun beschloss Kiki, einen größeren Ausflug zu machen, und der Weg führte sie diesmal in die Innenstadt, in der ja der letzte Kirmestag im Gange war. Offensichtlich gefiel ihr – so gar nicht nach Katzenart – das bunte Treiben, und da sie ja nun mal nicht scheu war, spazierte sie munter die belebte Hauptstraße entlang und sah sich alles genau an. Dort befand sich zu der Zeit auch ein kleines Kinderriesenrad, das Kiki wohl gut gefiel, denn zur Belustigung aller bestieg sie dort eine Gondel und drehte ein paar Runden.

Nun fragte man sich natürlich: Wem gehört dieser kleine blinde Passagier, und wie bekommen wir die Katze dort hinaus und wieder nach Hause? Zum Glück kam jemand auf die Idee, in Kikis Adresshalsband nachzuschauen und die Nachbarn mit der dort hinterlegten Telefonnummer anzurufen. Doch wie sollte es anders sein, die Nachbarn waren auch unterwegs, natürlich auf der Kirmes.

Während Kiki sich, erfreut über alle Aufmerksamkeit, ausgiebig streicheln ließ, wurde nach langem Hin und her schließlich ein Taxi gerufen. Der Taxifahrer, der offensichtlich ein Katzenfreund war, chauffierte unsere Kiki gratis bis vor die heimatliche Haustür. Dort waren inzwischen auch die Nachbarn wieder eingetroffen, die nicht schlecht staunten, als unsere Katze aus einem Taxi stieg.

Als wir dann einige Tage später aus dem Urlaub zurückkamen, trauten wir unseren Ohren nicht, als wir diese abenteuerliche Geschichte zu hören bekamen.

Bis heute sind wir dem netten Taxifahrer sehr dankbar, und gern denken wir an diese lustige, kleine Katze zurück!

Halsband ... das geht inzwischen auch ungefährlicher. Die moderne Katze ist gechippt, und ihre Menschen haben sie registriert, zum Beispiel bei Tasso oder Findefix.

Der alte Kater

Albertine Gaul

Vorsichtig peilte der Kater Lucky sein Ziel an, dieses wackelnde Ding vor seiner Nase interessierte ihn sehr. Leider war sein Sehvermögen nicht mehr gut, so dass er nur erahnen konnte, was sich dort bewegte. Es sah für ihn aus wie eine riesige Wurst, doch das bezweifelte er. Daher schlug er mit der Pfote nach dem Ding, zur Sicherheit mit ausgefahrenen Krallen.

Ein spitzer Schrei und einige Flüche beendeten seine Aktion, als der Fuß zurückgezogen wurde.

„Du hast meinen Fuß erwischt", schimpfte der Mann, der den Kater jeden Abend kraulte. „Mistvieh! Verschwinde!" Er schob ihn mit dem Fuß zur Seite.

Aber der Kater begann laut zu schnurren, um ihn zu besänftigen, und suchte einen anderen Weg zum Kopf des Mannes. Ein wenig unsicher, da er sein Ziel nicht ausmachen konnte, hüpfte er auf die Lehne des Sofas und balancierte bis zum Oberkörper. Dort sprang er auf die breite Brust und forderte den Mann auf, ihn zu streicheln. Stundenlang konnte er dort liegen, nur der Hunger oder der Drang zur Toilette unterbrachen diese Momente.

Eine Weile später schob der Mann Lucky von seinem Körper, um sich etwas zu trinken zu holen.

Geduldig wartete der alte Kater auf seine Rückkehr, um seinen Platz wieder einzunehmen. Nachdem sein Dosenöffner sich hingelegt hatte, bahnte sich der Kater seinen Weg über die Beine des Mannes.

Dabei entdeckte er ein Ding, welches ihm nicht geheuer vorkam. Um sicherzugehen, dass es ihn nicht angriff, hieb er mit der Pfote danach.

Erneut schrie der Mann ärgerlich auf. „Hey, das tut weh!", rief er. „Du hast kein Benehmen, Lucky. Man haut keinen Mann an dieser Stelle. Das solltest du wissen. Oder schlage ich dich?" Er zog die Decke grummelnd von der Lehne und warf sie über die Beine.

Lucky sah ihn fragend an, und als der Mann sich beruhigt hatte, unternahm er einen neuen Versuch, seinen Schlafplatz zu erreichen. Wackelig erkletterte er seinen Dosenöffner und ließ sich auf dessen Brust nieder, wo er laut schnurrte.

Der Mann nieste. „Du krabbelst mir fast bis in die Nasenlöcher", sagte er. „Deine Haare kitzeln mich."

Lucky dachte sich, solange man ihn nicht herunterwarf, war es ihm egal, was der Mann sagte. Hauptsache, er hatte Gesellschaft und menschliche Nähe. Die hatte er zuvor, als ausgesetzter und umherirrender Straßenkater, schmerzlich vermisst.

Irgendwann wollte der Mann ins Bett gehen und setzte den Kater auf den Boden.

„Nein, du kannst nicht mitkommen, ich gehe jetzt ins Bett", sagte der Mann und wollte Lucky daran hindern, wieder auf das Sofa zu springen. Der ignorierte die Hand, die ihm den Zutritt verwehrte und sprang mit ausgefahrenen Krallen auf das Sofa.

Der Mann schrie auf und beschimpfte ihn: „Mistvieh!", da er erneut seine Beine erwischt hatte.

Lucky sah ihn an, schnurrte und dachte: „Was hat er denn? Ich muss mich doch festhalten!"

Schimpfend verschwand der Mann ins Bett und Lucky suchte sich einen besseren Platz zum Schlafen, bei der Frau des Mannes. Dort durfte er bleiben und mit auf dem Kissen schlafen. Sie schimpfte auch nicht, wenn er sie kratzte. Aus Versehen natürlich. Schließlich war er ein alter Kater, der nicht mehr gut sah und nur das hörte, was er wollte.

Katzen-Senioren brauchen Verlässlichkeit, liebevolle Nachsicht und geregelte Abläufe.

Wenn ich mal alt bin, werde ich bestimmt auch so ein kuscheliger Genießer, und ich weiß, dass meine Menschenfamilie mich immer, immer liebhaben wird. Auch wenn das Schnäuzchen allmählich grauer aussieht und am Futter rumgemäkelt wird und so.

Wie der Vater in den Baum kam

Angelika Godau

Es ist eine dieser Geschichten, die man nie vergisst, immer mal wieder erzählt, und die mit den Jahren immer weiter ausgeschmückt wird.

Passiert ist sie in der Kölner Südstadt, vor 35 Jahren. Es ist Karneval, genauer gesagt Weiberfastnacht, und in Kindergarten und Schule ist Kostümierung erwünscht. Als Mutter von mehreren Kindern heißt das noch mehr Hektik als normalerweise. Auch der Ehemann sorgt für Stress, er sucht nach einer Krawatte, um die es nicht allzu schade ist, wenn sie eine Stunde später von der ersten Frau, der er begegnet, abgeschnitten wird. Ja, in Köln gibt es seltsame Bräuche, ich weiß.

Der dreijährige Nils will Pirat werden, mit aufgemalter Augenklappe und einem Dreitagebart, die neunjährige Sabine geht als Pippi Langstrumpf. Ohne Perücke, die eigenen Haare müssen um Pfeifenreiniger geflochten und rot angesprüht werden. Die Sommersprossen gefallen ihr nicht, sie sind zu groß, zu klein, zu dicht beieinander oder zu weit auseinander. Der Älteste, sechzehnjährig, ist genervt von dem Theater, hat die Haare zu Stacheln gegelt, trägt ein zerrissenes T-Shirt und kaputte Jeans. Auf meine Frage, als was er denn geht, rollt er nur die Augen, und ich komme mir sehr alt vor.

Mein Mann kommt rein, fragt, ob die Krawatte in Ordnung ist, verwischt mit dem Abschiedskuss den Dreitagebart vom Dreijährigen und lässt mich mit dem Geheule zurück. Ich zücke den Stift, beginne erneut, Pünktchen auf die milchzarte Kinderhaut zu tupfen, da erklingt in meinem Rücken ein markerschütternder Schrei: „Mein Tommy!"

Ich drehe mich erschrocken um und sehe, wie meine Tochter entsetzt aus dem Fenster starrt. Ich folge ihrem Blick und traue meinen Augen nicht. In einer Astgabel der großen Pappel sitzt unser alter, übergewichtiger Kater. Er, der noch nie einen einzigen Schritt in die Welt außerhalb unserer Wohnung getan hat. Wie ist er da um Gottes Willen hingekommen?

Sabine heult in den höchsten Tönen, Nils lacht fröhlich und hüpft im Zimmer auf und ab. Der Teenager seufzt und schüttelt sorgenschwer den Kopf. Ansonsten trägt er nichts zur Entspannung der Situation bei.

Ich renne raus auf den Balkon und erfasse mit einem Blick, wie das Ende, von dem ich den Anfang nicht kenne, aussieht. Kater Tommy, fälschlicherweise nie als dick, sondern nur als flauschig bezeichnet, steckt mit eben diesem Flausch in einer großen Astgabel fest. Wie ein Korken in der Flasche kann er nicht vor und nicht zurück, auch drehen ist nicht möglich.

Tommy selbst hat seine ansonsten stoische Ruhe verlassen, er klagt sein Leid lautstark in die Welt, die Augen angstvoll aufgerissen.

„Keine Angst", beruhige ich meine Tochter, „wir rufen die Feuerwehr, die kommt mit einer langen Leiter und holt deinen Kater da runter."

Gesagt, getan. Am anderen Ende der Leitung meldet sich eine Männerstimme, die ihre kölsche Herkunft nicht verleugnen kann.

„Feuerwehr Leitstelle, was kann isch für Sie tun?"

63

„Guten Morgen, können Sie uns helfen?! Mein Kater sitzt im Baum fest, er kommt da allein nicht mehr runter."

„Wat maach d'r dann esu fröh all op däm Baum, hätt ehr Pap a Kölsch ze ville jetrunken?"

„Nicht mein Vater, mein *Kater*, also eine männliche Katze."

„Och esu, na, isch dachte allt …wo wohnen Sie denn? Aha, ja gut, ich schicke einen Wagen."

Erleichtert lege ich den Hörer auf und informiere die Kinder über das Ergebnis des Gesprächs.

Mein Dreijähriger ist außer sich vor Begeisterung, die Aussicht darauf, gleich eine Feuerwehr zu sehen, versetzt ihn geradezu in Ekstase. Meine Tochter hört immerhin für einen Moment auf zu schluchzen.

Von der Küche höre ich ein bekanntes Geräusch und spurte los. Flöhchen, Katze Nummer Zwei, hat die Gelegenheit genutzt, die Milch umzustoßen, die nun vom Tisch auf den Fußboden fließt. Trinken tut sie nichts davon, ihr geht's wohl nur um den Effekt. Tiefseufzend mache ich mich ans Aufwischen, da höre ich den Kleinen rufen: „Feuerwehr, Mama, Feuerwehr tommt!"

Ich renne wieder raus auf den Balkon und traue meinen Augen nicht. Da manövriert sich ein riesiger Leiterwagen zwischen den Häusern durch. Einige Männer in Uniform suchen mit ihren Blicken die noch unbelaubten Bäume ab. Ich winke, rufe und zeige auf die Astgabel mit Kater.

Sämtliche möglichen Fenster gehen auf, Köpfe erscheinen, fragende Stimmen erklingen: „Was ist los, ist was passiert? Brennt's?"

„Nä", ruft einer der Männer, „nur ein Jeck, der sich als Kater verkleidet hat, den sollen wir aus dem Baum pflücken.

Alles lacht, Kölner sind ein fröhliches Völkchen, den Spaß an der Freud lassen sie sich so schnell nicht nehmen.

Sabine heult wieder, Nils starrt auf die Feuerwehr und pinkelt vor lauter Faszination in die Piratenhose.

„Keine Angst", ruft jetzt einer der Retter in spe, „wir holen deine Katze da schon heile runter. Wie heißt sie denn?"

„Huhuhu, der heißt Tommy, huhuhu".

„Gut, also Tommy, ich bin der Helmut, ich komme jetzt mal zu dir rauf und helfe dir dann runter".

Gesagt, getan, die lange Leiter ist ausgefahren, der Held in Uniform klettert sie rauf, ein Griff seiner dick behandschuhten Hand, und der Kater ist frei. Vor lauter Schreck völlig verstummt, hängt er am Arm seines Retters, der mit ihm zusammen die Leiter wieder runtersteigt. Auf Höhe unseres Balkons, auf dem wir drei fast blaugefroren stehen, reicht er Tommy der glückstrahlenden Sabine und tippt sich an den Helm.

„Bitte sehr, mein Fräulein, war mir ein Vergnügen."

Die errötet ebenso dezent wie verlegen, drückt ihren Tommy an sich und verschwindet im Haus.

Ich bedanke mich, frage, ob sie Kaffee oder sonst was möchten und was dann ihr Einsatz wohl kosten wird.

„Nee, lassen Sie mal gut sein", kriege ich zur Antwort, „wir müssen zurück, ist bestimmt viel los heute. Und wegen der Rechnung machen Sie sich mal keine Sorgen, heute, an Weiberfastnacht retten wir Katzen umsonst."

Er nickt und lacht, streicht dem ehrfürchtig aussehenden Dreijährigen über die Haare und klettert zurück auf den Boden.

Aus dem Inneren der Wohnung ertönt jetzt ein furchtbares Gekreische, ich rase wieder einmal los.

Im Flur prügelt das Flöhchen in höchster Aufregung auf den angststarren Tommy ein, der sich bei meinem Erscheinen blitzschnell unter einen Schrank rettet.

Seit diesem Tag ist das Verhältnis der beiden Katzen ein anderes. War vorher Tommy Chef im Ring, hatte er ab jetzt nach ihrer Pfeife zu tanzen. Warum auch immer.

Wir haben übrigens nie rausgefunden, wie der Kater in den Baum gelangt ist.

66

Meine Ponys und ich

Margit Günster

Hallo und Miau,

ich bin's, der Flipper, meines Zeichens Westerwälder Reitkatze.

Was eine Westerwälder Reitkatze ist, wollt ihr wissen? Wir Reitkatzen sind auf der ganzen Welt verbreitet, wir Westerwälder sind eine regionale Unterart. Obwohl es uns weltweit gibt, kennt uns kaum jemand, weil nie jemand über uns schreibt. Das muss sich ändern! Deshalb schreibe ich das hier.

Die Menschen ordnen uns einfach einer Rasse zu, von der sie glauben, dass es passt.

Ich zum Beispiel werde immer als Hauskatze bezeichnet, steht sogar auf meinen Tierarztrechnungen. Nun ja, meine Mutter wohnte bei Menschen im Haus und ich natürlich auch. Als ich alt genug war, bin ich in den Stall von meinen Ponys umgezogen, zusammen mit meiner Schwester Skippy.

Margit wollte eigentlich nur eine neue Katze, wenn überhaupt. Aber da wir beide „übrig" waren und Margit unseren Menschen kannte, hat sie uns dann genommen. Skippy ist übrigens keine Reitkatze, sie hat zwar kein Problem damit, dass wir im Stall leben und geht auch zu den Ponys, aber sie hat einfach keine Ahnung, wie toll es auf den Ponys ist.

Ich weiß ja nicht, ob das erblich ist, aber das werde ich leider nie rausfinden. Als wir alt genug waren, hat Margit uns nämlich zum Doktor geschleppt, und der gemeine Kerl hat dann ... Nun ja, lassen wir das lieber.

Aber wenn wir aussterben, ist er mit daran schuld! Und Margit, denn sie wollte das so und hat ihm auch noch Geld dafür gegeben.

Ich durfte sofort zurück zu Peter und Leo – so heißen meine Ponys –, aber Skippy musste eine paar Tage bei Margit wohnen, denn der Doktor hat ihr ein Loch in den Bauch geschnitten.

Ich habe hier übrigens einen Job, ich muss dafür sorgen, dass Peter und Leo genug Bewegung haben, deswegen spiele ich immer fangen mit ihnen. Besonders Leo spielt das gerne mit mir. Er ist aber vorsichtig und passt auf, weil er mich nicht verletzen will. Sonst würde ich das auch gar nicht mitmachen, schließlich bin ich viel schneller und wendiger als er.

Und ich kann auf Bäume klettern und auf den Zaun springen, das kann er alles nicht. Auf seinen Rücken kann ich auch springen, aber das mache ich nur selten, denn Leo ist ziemlich klein und da ist wirklich nicht viel Platz.

Da gehe ich lieber auf Peter, der ist etwas größer, da muss man nicht so viel aufpassen, um nicht abzustürzen.

Mit den Krallen festhalten geht nämlich nicht, das habe ich sehr schnell gelernt.

Sie sagen, das würde wehtun. Das will ich natürlich nicht, schließlich sind sie meine Freunde. So ist Peter mein Reitpony und Leo mein Spielpony.

Wegen Peter habe ich gelegentlich Ärger mit Margit. Sie behauptet nämlich immer, wir würden ihr gehören und Peter wäre ihr Reitpony, nicht meines. Und ich hätte den ganzen Tag Zeit, während sie arbeiten muss, um unser faules Luxusleben zu bezahlen. Da müsste ich nicht ausgerechnet dann auf Peter, wenn sie mal will.

Manchmal spinnt sie. Sie ist eben nur ein Mensch.

Jedenfalls, wenn wir beide reiten wollen, dann hat sie Vorrang. Sagt sie. Sie hebt mich dann einfach von Peter runter und setzt mich irgendwo ab. Frechheit, so was!! Bloß weil sie größer und stärker ist als ich.

Leo darf an der Leine mitlaufen, damit er auch Bewegung hat (als ob ich nicht dafür sorgen würde!) und keinen Aufstand macht, wenn er alleine bleiben muss. Muss er doch gar nicht, Anton wohnt doch auch noch hier. Er ist größer als Peter und Leo und gehört Margits Schwester. Er ist zwar auch ganz nett und mit ihm kann man auch spielen, aber er ist zu groß, da kann ich nicht aufspringen.

Außerdem ist er tagsüber auf der Weide und kommt nur nachts in den Stall. Das ist so ein Stall, wo die Ponys nicht eingesperrt sind, sondern sie können sich aussuchen, ob sie rein oder raus wollen. Dazu gehört ein großer Auslauf, damit sie nicht nur dumm rumstehen müssen. Margit wollte das so, obwohl das mehr Arbeit ist.

Bloß Gras ist da keines, denn Peter hat so eine blöde Ponykrankheit, wegen der er nicht so viel Gras fressen darf. Deshalb darf er nur stundenweise auf die Weide und muss dann wieder in den Auslauf. Darum haben sie Leo gekauft, damit er Peter Gesellschaft leisten kann. Leo hat diese dumme Krankheit auch, passt also.

Beide müssen aber nicht hungern, die dürfen Heu und Stroh fressen, nur eben nicht so viel Gras. Das finden sie nicht so toll, aber diese Krankheit tut sehr weh, deshalb machen sie das. Zumal das irgendwann tödlich wird, wenn sie das zu oft haben und der Schaden in den Hufen zu groß wird.

Warum erfindet denn niemand etwas gegen solche schrecklichen Krankheiten?

Anton findet es nicht so schlimm alleine auf der Weide, er ist ja immer in der Nähe von Peter und Leo und kommt abends zu ihnen zurück.

Deshalb habe ich auch mehr mit Peter und Leo zu tun. Ich mag Anton zwar auch und besuche ihn schon mal auf der Weide (im Stall und Auslauf sowieso), aber meine Freunde sind Peter und Leo.

Wenn Peter dann mit Margit reitet und Leo mitkommt, dann komme ich manchmal auch mit. Dann haben die Leute wieder was zu staunen. Das tun sie ohnehin oft. Manche fragen dann auch noch, wie Margit mir beigebracht hat, auf den Ponys zu sitzen oder zu liegen. So ein Unsinn, so was muss man mir doch nicht beibringen, schließlich bin ich eine Reitkatze!!

Manche Menschen sind so dumm, die sehen gar nicht, dass ich eine Katze bin. Da wird Margit schon mal gefragt, ob sie ein neues Pony hat. Doch, sie muss ein neues Pony haben, schließlich hat man den Schecken doch selbst gesehen.

Leute, das war kein Schecke, das war ein dunkelbraunes Pony mit einem schwarz-weißen Kater auf dem Rücken!

Oder die eine Nachbarin. Eigentlich ganz nett, Margit kennt sie gut, und sie unterhalten sich auch immer mal wieder. Sie hat es immer so süß gefunden, wenn ich mit ihrem Hund verstecken spielte und mich in diesem komischen Beet mit dem Rahmen und dem Deckel „versteckte". Margit hat zwar behauptet das ich mal deswegen Ärger kriege, aber die Frau hat nichts gesagt, als sie herausgefunden hat, was ich wirklich da gemacht habe.

Ich dachte, sie hätte die Erde darin extra für mich so schön aufgelockert. Außerdem heißt das Ding doch sogar Mistbeet.

Sie hat das zwar nicht so toll gefunden, aber sie hat nicht geschimpft. Und auch nicht versucht, mich zu vertreiben. Ich wollte es aber nicht übertreiben, schließlich ist sie ganz nett und der Misthaufen der Ponys ja auch ganz gut geeignet.

Außerdem haben wir im Anbau ein Katzenklo stehen. Das nutzen wir bei schlechtem Wetter, da ist das ganz praktisch. Im Sommer, wenn es warm ist, ist das ein bequemer Liegeplatz. Gefällt Margit zwar nicht, aber da sie das Ding ja immer sauber hält, machen wir damit, was wir gerade für richtig halten. Margit meckert zwar, aber ihr ist das so recht, solange wir nicht den Anbau oder das Futter verschmutzen. Als ob wir das tun würden.

Außer uns lebt übrigens noch Polly hier, sie war die erste Stallkatze. Sie lebt zwar mit uns im Anbau, aber sie will eigentlich nur ihre Ruhe haben. Und macht einen Bogen um die Ponys.

Na ja, Leo und Anton haben sie wohl früher gejagt und waren nicht nett zu ihr. So wie Peter sagt, waren beide früher Katzenfeinde, während er Katzen schon von früher kannte. Dann kam Rambo, ein Katzenbaby, das sehr frech war und keine Angst hatte. Sie hat die beiden dann ganz schnell um die Pfote gewickelt. Ist sogar auf Leos Kopf geklettert und so.

Leider hatte sie eine schlimme Krankheit und ist gestorben als sie nur neun Monate alt war. Sie war auch eine Westerwälder Reitkatze.

Sie war übrigens ein Mädchen, auch wenn sie Rambo hieß. Angeblich war sie ein Kater und hieß Tommy. Als Margit sie bekam, hat sie gesagt, dass „er" ab jetzt Rambo heißt. Dabei ist es geblieben, als der Doktor ihr gesagt hat, dass Rambo gar kein Rambo ist.

Margit ist da ein bisschen komisch. Die Ponys haben Menschennamen und wir Katzen haben Filmnamen. Die Ponys sagen, für einen Menschen ist sie aber ganz okay. Scheint mir auch so. Das sagt sogar Polly.

Margit hat ihr eine Chance gegeben und sie vom Tierheim geholt. Ihr ist es früher sehr schlecht gegangen. Sie redet zwar nicht drüber, aber ich weiß, dass sie aus einer Zwangsräumung vom Tierschutz kommt, also war es wohl schlimm. Sie ist nicht gerade menschenfreundlich, deshalb wäre sie wohl noch lange im Tierheim sitzen geblieben. Margit hat sie dann genommen. Sie wollte im Gegensatz zu den meisten Menschen keine Schmusekatze, sondern eine, die nicht so menschenbezogen ist.

Weil sie doch im Stall wohnen sollte und Margit nicht will, dass wir ihr nachlaufen. Sie wohnt zwar ganz in der Nähe, aber auf der anderen Straßenseite. Das ist eine Bundesstraße auf der massenhaft Autos fahren und rasen. Und viele Unfälle deswegen passieren. Und leider auch viele tote Tiere.

Ich finde das ja nicht so toll, ich würde gerne mit ihr mitgehen. Aber sie lässt sich da ständig neue Tricks einfallen, damit ich nicht mitkomme. Meistens gebe ich dann auch auf.

Und sie glaubt, dass sie mich ausgetrickst hat. Ich lasse ihr diese Illusion, spiele aber sehr oft das „Ich will mit" Spiel. Macht auch Spaß. Aber ich würde auch wirklich gerne mit ihr mitkommen.

Ich war nur einmal da, das war, als ich krank war. Da musste ich bei ihr wohnen. Und jedes Mal, wenn sie nicht im Haus war, wurde ich eingesperrt. In so einem kleinen komischen Raum. Da kamen dann aber ein Klo, ein Kratzbaum und eine Decke rein. Und natürlich was zu futtern und Wasser.

Margit sagt, da bekommt das Wort Katzenklo eine ganz neue Bedeutung. Alleine rumrennen dürfen wir im Haus nicht, weil das angeblich zu gefährlich ist, weil das Haus nicht katzengerecht eingerichtet ist. Außerdem hat sie Angst, dass wir mal durch die Tür flitzen und dann auf der Straße überfahren werden.

Peter sagt, das macht sie mit allen Katzen, die bei ihr wohnen müssen, weil sie krank oder verletzt sind. Skippy musste auch in das Zimmer, als sie damals das Loch im Bauch hatte.

Ich finde das nicht so toll, da soll sie das Haus entsprechend einrichten, wenn sie Katzen haben will! So was Egoistisches! Typisch Mensch.

Allerdings darf sie auch nicht machen, was sie will, weil das Haus ihr nicht gehört, sie bezahlt nur, damit sie dort wohnen darf.

Na ja, es waren nur ein paar Tage, und wenn sie zuhause war, durfte ich ja raus. Und sogar mit aufs Sofa und fernsehen und so. Aber schlafen musste ich in diesem kleinen Raum. Damit ich nichts anstelle.

Hier behauptete ich dann aber, ich wäre im Knast gewesen, das hört sich doch gleich viel besser an. Außerdem nennt Margit das manchmal auch Katzenknast. Oder sie sagt Katzenzimmer. Aber Knast hört sich irgendwie besser an, meint ihr nicht auch?

Allerdings bin ich nicht so scharf darauf, wieder in den Knast zu müssen.

Die Ponys bleiben hier, wenn sie krank sind. Zu ihnen kommt der Doktor auch in den Stall, während wir in diese kleine Kiste gesperrt werden und zu ihm müssen. Peter ist das ganz recht, denn er mag nicht gerne im Hänger fahren. Er hat wohl mal schlechte Erfahrungen gemacht, aber über dieses Thema redet er nicht gerne. Er wird schon wissen, warum er nicht in dieses Ding rein will.

Obwohl ich es nicht so schlimm darin finde. Ich muss allerdings nicht darin fahren, ich gehe nur manchmal da rein, wenn ich Lust dazu habe, aber ich kann das tun, wann ich will und kann jederzeit wieder raus. Peter sagt, das wäre schon ganz was anderes.

So, ich hoffe, ihr wisst jetzt, was eine Reitkatze ist. Eine Westerwälder Reitkatze bin ich, weil ich hier im Westerwald wohne.

Euer Flipper

Nero findet ein neues Zuhause

Margit Günster

Es war ein sonniger Tag auf dem alten Bauernhof, der nun eine Pferdepension war und praktischerweise auch eine Tierarztpraxis auf dem Gelände hatte.

Unter den Bewohnern waren zwei Ponys, die ihren eigenen Stall an ein Neubaugebiet verloren hatten und die nun hier untergekommen waren.

Die beiden Ponys standen in ihrem Auslauf nahe der Stalltür, die eigentlich nur ein Durchgang mit einem Streifenvorhang war, denn ihr Stall war ein Offenstall. Zwar war die Tür zum Hof verschlossen, um die Ponys zu schützen, der „Hinterausgang" dagegen war nur mit einem Vorhang aus transparenten Streifen abgetrennt, damit die Ponys sich ihren Aufenthaltsort selbst aussuchen konnten, was ja Sinn und Zweck eines Offenstalls ist.

Dieser Vorhang bewegte sich leicht im Wind. Im Stall saß eine Katze, die die Zeit genutzt hatte, in der die Ponys ausgesperrt waren, weil ihr Stall gereinigt wurde. Margit, die Besitzerin, die ihre Ponys selbst versorgte, war gerade in der großen Scheune, um Futter für die Ponys zu richten.

Die Katze betrachtete die immer wieder entstehenden Lücken, ehe sie sich ein Herz fasste und durch eine der Lücken schlüpfte, um in den Auslauf zu gelangen.

Das kleinere der Ponys erschrak zunächst, auch das andere zuckte zusammen und starrte die Katze irritiert an.

Die Katze wich zurück und duckte sich, konnte aber nicht in den Stall flüchten, da es momentan keine Lücke gab.

„Tut mir leid, ich wollte euch nicht so überraschen", miaute sie zitternd. Die Ponys hatten sich schnell beruhigt. „Nicht schlimm, wir dachten nur im ersten Moment, du wärst unsere Trixi, weil du ihr so ähnlich siehst. Aber das kann ja nicht sein, denn sie ist tot, deshalb habe ich so reagiert", sagte das kleine Pony. „Stimmt, du siehst ihr sehr ähnlich", bestätigte das große Pony.

Die Katze trat von einer Pfote aus die andere und war kurz davor, die Flucht zu ergreifen. Das große Pony senkte den Kopf. „Na komm schon, wir tun dir schon nichts. Ponys fressen keine Katzen."

„Ich weiß, aber ihr seid so groß und unheimlich, und aus der Nähe seid ihr noch viel größer, als ich dachte", sagte die Katze verlegen. Die Ponys lachten. „Wir und groß. Wir gehören hier noch zu den kleineren, guck dir mal die Pferde in den Boxen an, wenn du uns für groß hältst. Aber wieso bist du eigentlich hier, wenn du doch Angst vor uns hast?"

Die Katze wurde verlegen. Schließlich wickelte sie den Schwanz um die Pfoten und nahm all ihren Mut zusammen. „Ja, wisst ihr, das ist so. Ich lebe ja nun schon einige Zeit hier, nachdem ich nicht mehr bei eurem Doktor sein muss und mich niemand abgeholt hat. Und, nachdem eure Trixi gestorben ist, da dachte ich, ich könnte doch ... also, ich wollte euch fragen, ob ihr was dagegen habt, wenn ich versuche, eure Margit zu meinem Menschen zu machen, denn die ist ja nett und füttert mich ohnehin, aber ich möchte richtig zu ihr gehören. Und vielleicht könnt ihr mir ja einen Tipp geben, wie ich das anstellen muss."

Die Ponys lachten. „Margit rumkriegen, das ist ganz leicht. Tu einfach so, als wärst du ihre Katze, dann dauert das nicht lange, und du hast gewonnen." Die Katze atmete auf. „Und ihr seid damit einverstanden? Ich meine, schließlich ist sie euer Mensch, und wenn ihr nicht wollt ..." sagte sie zaghaft. Das große Pony schubste sie vorsichtig an. „Ich bin übrigens der Peter, und das ist Leopold. Wir haben nichts dagegen, eine Katze ist ja nun wirklich keine Konkurrenz für uns. Und Platz ist ja hier auch genug. Warum also sollten wir unsere Margit nicht mit dir teilen. Aber warum bist du hier, warum bist du nicht zu deinem Menschen gekommen, sobald du gesund warst?"

Die Katze sah die Ponys traurig an. „Das weiß ich nicht so genau, ich hatte wohl einen Unfall, aber ich kann mich nicht erinnern, was früher war. Aber ich wurde nur zum Doktor gebracht, mich hat nie jemand besucht oder mich später abgeholt."

Die Ponys schüttelten den Kopf. „Wie das, dein Mensch muss dich doch gesucht haben." Tränen traten der Katze in die Augen. „Nein, offenbar nicht. Ich hatte auch nicht so eine Nummer in den Ohren, ich war meinem Menschen wohl egal." Sie schniefte und kauerte sich zu einem kleinen Häufchen zusammen.

„Das gibt es ja wohl nicht!" rief Leo. „Das kann dir bei Margit nicht passieren, die würde dich suchen, wenn du mal verschwunden wärst. Obwohl das auch nicht immer hilft. Wenn ich da an Tarzan denke – der hatte so eine Nummer, und ihn hat sie auch gesucht. Mit Plakaten und in der Zeitung. Ist überall rumgefahren wo er angeblich gesehen wurde, aber es war dann doch immer eine andere Katze. Schade. Wäre schön, wenn er wieder auftauchen würde."

„Oh", sagte die Katze traurig, „ich dachte, Margit hätte keine Katze mehr und ich könnte deshalb ihr gehören."

„Kopf hoch, Margit hatte früher auch schon mehrere Katzen. Sie will zwar keine mehr, weil wir keinen eigenen Stall mehr haben und deshalb hierhin umziehen mussten, aber wenn du sie rumkriegst, dann hast du ausgesorgt! Da ist es auch egal, dass sie dich eigentlich nicht haben wollte."

Peter kicherte. „So wie mich. Das war vor über zwanzig Jahren. Und ich bin immer noch bei ihr, obwohl ich schon lange in Rente bin." Leo nickte. „Stimmt, wenn sie sich für dich entschieden hat, dann bleibt es dabei."

„Und, ich meine, wenn dieser Tarzan dann doch wieder auftaucht ..." fragte die Katze.

„Kein Problem, sie wird dich behalten. Mit Tarzan musst du dann aber selbst einig werden. Aber hier ist ja genug Platz, das wird schon klappen", meinte Leopold.

„Ihr habt also nichts dagegen, wenn ich es versuche?" fragte die Katze noch einmal.

„Nö, wieso? Allerdings darfst du nicht empfindlich sein, sie sagt schon mal komische Sachen." Die Katze erschrak. „Was genau bedeutet das?" fragte sie zaghaft.

Wieder lachten die Ponys. „Ach, wenn du sie mal geärgert hast, dann droht sie damit, dass sie dich ins Ponykarussell schickt. Ach nein, Ponykarussell geht ja bei dir nicht. Aber sie droht mit Tierheim, Ohren abreißen und einen Knoten in den Schwanz machen und so. Aber das tut sie dann doch nicht."

Die Katze war unsicher geworden. „Wirklich, seid ihr sicher?" „Klar doch, wir kennen sie lange und gut genug. Das ist nun mal ihre Art, sie kann auch ganz schön fluchen und schimpfen. Aber sie schlägt uns nicht, das ist viel wert. Manche Menschen sagen zwar nicht so gemeine Sachen, aber sie verprügeln und quälen unsereins. Dann schon lieber diese blöden Sprüche", meinte Leo.

Die Katze maunzte traurig. „Ich habe schon gehört, dass es solche gemeinen Menschen gibt, aber ich kann das einfach nicht glauben. Ich hoffe, ich hatte früher nicht so einen Menschen, das wäre ja schrecklich."

„Hast du denn Angst vor Menschen?" fragte Peter. „Nein, nicht so richtig. Ich mag es nur nicht so, wenn ich gestreichelt oder hochgenommen werde, aber so richtig Angst habe ich eigentlich nicht, wieso fragst du?" wollte die Katze wissen. „Ganz einfach, wenn du früher gequält worden wärest, dann hättest du Angst vor Menschen, auch wenn du es selbst nicht mehr weißt. Aber wenn du keine Angst hast, dann war dein Mensch wohl nicht so schlimm. Und du kennst Menschen, sonst würdest du dich anders verhalten."

„Ach so, das wusste ich nicht. Aber nun will ich euch nicht länger stören, ich versuche mein Glück jetzt bei eurer Margit", sagte die Katze und erhob sich.

Die Ponys wünschten ihr Glück, aber sie kannten ihre Margit gut genug, um zu wissen, dass die Katze wohl bald zu ihnen gehörten würde.

Einige Tage später, die Ponys standen gerade im Stall und fraßen, schlüpfte die Katze zu ihnen herein.

Die Ponys sahen sie fragend an. „Ich gehöre jetzt zu euch und Margit, und ich habe sogar einen eigenen Namen. Ich heiße Nero", sagte die Katze stolz und glücklich.

Peter und Leo sahen sich an. Nero, und das für ein kleines buntes Katzenmädchen. Das war mal wieder typisch Margit.

Das sagten sie aber lieber nicht. „Willkommen Nero", sagten sie nur.

Wächter des Schulhofs

Anna-Katharina Höpflinger

Die Sonne sandte ihre Strahlen über den Pausenplatz und tauchte alles in ein warmes Gold. Ich lag auf der Fensterbank vor dem Schulzimmer im ersten Stock. Es war der ideale Ort, um vor den kleinen Menschen in Sicherheit zu sein, aber den Schulhof genau im Blick zu haben. Ich schnurrte zufrieden, denn der Platz unter mir war leer. Zu Menschen hatte ich ein zwiespältiges Verhältnis. Sie waren nützlich, aber kauzig. Obwohl sie sich für die Könige der Welt hielten, verstanden sie oft die banalsten Zusammenhänge nicht. Wenn ich sie beobachtete – und die Gelegenheit dazu bot sich mir oft – kam ich zu dem Schluss, dass ich das einzige intelligente Lebewesen hier auf dem Schulhof war. Dennoch gab es Menschen, die ich liebte. Einer davon war der Hauswart. Mich nannte er Archimedes. Ich schätzte ihn, weil er mich mochte und weil er einen prickelnden Duft verströmte, den ich mit Abenteuer verband. Wenn er Zeit hatte, setzte er sich neben mich, kraulte meine Ohren und erzählte mir von seinem Leben. Er verkraftete große Menschen nur in minimaler Anzahl; dafür konnte er stundenlang mit den kleinen Menschen, die ich nur in geringer Dosis ertrug, herumalbern. Mir waren die kleinen Menschen zu lärmig und zu unsensibel.

Meine Abscheu vor kleinen Menschen änderte sich jedoch an einem Herbsttag überraschend. Ich saß an meinem Lieblingsplatz und beobachtete, wie größere kleine Menschen einen besonders zarten kleinen Menschen ärgerten. Sie lachten über ihn und sagten kuriose Sachen, die ich nicht verstand. Der besonders kleine Mensch weinte; dann rannte er plötzlich in Richtung des Waldes, der ans Schulhaus angrenzte. Ich

80

fand das sonderbar. Aber die Sonne war angenehm warm, sodass ich meine Augen schloss und die Sache, vor mich hindösend, vergaß. Als es dunkel wurde, stand ich auf und wollte zum Futter, das mir der Hauswart jeweils hinstellte. Doch weit kam ich nicht: Eine Horde großer Menschen stürmte den Schulhof. Sie riefen ununterbrochen (und mindestens so laut wie der Laubbläser des Hauswarts): „Jessy!"

Mir war das zu drastisch. Ich wollte mich verkriechen, da kam mir in den Sinn, dass beim Ärgern des kleinen Menschen dieselben Worte gefallen waren. Als schlauer (eben!) Kater verstand ich sofort: Die großen Menschen suchten den kleinen Menschen, der weggerannt war.

Ich nahm meinen ganzen Mut zusammen und sprang mitten in die rufende Horde. Mit einem eindringlichen Miauen versuchte ich, die Suchenden in die Richtung des Waldes zu locken. Aber sie beachteten mich nicht. Wie immer: Auf Menschen kann man sich nicht verlassen! Sie sind plump und blind für die relevanten Dinge der Welt.

Also ließ ich sie weiterrufen und eilte selbst auf Samtpfoten in den Wald. Ich kannte dieses Stück Forst wie meine eigenen Schnurrbarthaare. Dort hinten hatte ich schon Blindschleichen gejagt, bei der großen Tanne war es mir vor einigen Tagen gelungen, einen Buchfinken zu fangen. Aber an beiden Orten war der kleine Mensch nicht. Ich schlich weiter und lauschte auf die Geräusche. Knacken, Rascheln, Zischen, und da: ein zaghaftes Schluchzen. Mit einem Sprung hatte ich den kleinen Menschen gefunden. Er saß auf dem Erdboden und weinte jämmerlich. Es war ein durch Mark und Pfote gehendes Geräusch. Einen Moment überlegte ich, das Vorhaben abzubrechen. Aber ich riss mich zusammen und näherte mich dem kleinen Menschen. Ein bisschen zögerlich strich ich um seine Beine. Er fuhr erschrocken herum und erkannte mich: „Archimedes!“

Langsam streckte er seine Hand aus. Seine Finger glitten zaghaft (und ziemlich unbegabt) über mein Fell. Ich ließ es – ausnahmsweise – geschehen. Dann hockte ich mich vor den kleinen Menschen hin und miaute, so laut ich konnte. Er zuckte zusammen, dann stammelte er: „Hast du dich verlaufen?“

Nein, natürlich nicht! Ich kannte jede Ecke dieses Waldes. Doch der kleine Mensch verstand das nicht und schluchzte: „Ich auch. Ich hatte Angst vor den Anderen. Jetzt ist es dunkel; ich finde nicht zurück.“

Ich seufzte innerlich. Dann sprang ich ein Stück weg, hockte mich dort wieder hin und starrte zu dem kleinen Menschen hinüber. Er hüpfte auf und folgte mir: „Nicht weglaufen! Archimedes, bleib bei mir. Wenn du da bist, habe ich nicht so viel Angst.“

Ich sprang wieder ein wenig weg, setzte mich erneut hin. Es klappte. Der kleine Mensch folgte mir und bemerkte dabei nicht, dass ich ihn zum Schulhaus zurücklockte.

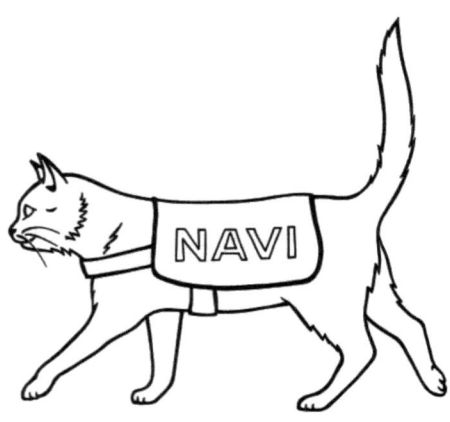

Kaum hatten wir die letzten Bäume hinter uns gelassen, hörte der kleine Mensch die großen Menschen schreien und rief erleichtert zurück. Die Meute rannte uns entgegen, umrundete uns. Jemand umarmte den kleinen Menschen glücklich. Ich saß stolz da und wiederholte für mich:

Menschen sind einfach zu dumm; wichtige Dinge muss man selbst erledigen.

Von diesem Tag an teilte der kleine Mensch namens Jessy regelmässig seine Brotzeit mit mir (wobei ich ihm mal klar machen muss, dass ich weder Gurken noch Äpfel mag). Mein Verhältnis zu den kleinen Menschen verbesserte sich so augenscheinlich, dass sogar der Hauswart mich eines Tages beim Kraulen fragte, ob ich eigentlich alt und gemütlich werde, dass ich mich neuerdings von den Kindern herumtragen ließe?

Natürlich nicht. Aber ich habe verstanden, dass diese kleinen Menschen nicht nur gellende Monster, sondern auch verletzliche Wesen sind. Deshalb passe ich jetzt auf sie auf.

Als Susi verschenkt wurde

Christine Kayser

Die Katze Kessy war zierlich und leichtgewichtig, als sie bei uns einzog. Unserer Verantwortung waren wir uns noch nicht ganz bewusst, und es kam uns nicht in den Sinn, dass sie sich von unserem Nachbarkater Prinz, große schöne Augen, markante Fellmaserung, stämmige Statur, verführen lassen würde. Beide waren Freigänger. Den Kater verscheuchten wir, sobald wir sahen, wenn sich ihre Wege kreuzten. „Prinz, verschwinde!" Verständnislos sah uns das schöne Tier an und sprang in Nachbars Garten.

Wir wollten unser Katzenmädchen eines Tages sterilisieren lassen, um Nachwuchs zu verhindern. Nun war es aber so, dass wir arbeiten mussten und nicht immer alles mitbekamen, was in unserem Garten geschah. Meistens kehrten wir erst im Dunkeln heim. Die Mieze trieb sich irgendwo herum.

Es war zu spät, ihr Bäuchlein wurde dicker und wir immer ratloser. Das war nicht eingeplant.

Eines Tages entdeckte mein Mann kleine Kätzchen auf dem Heuboden der Laube. Dort lagerte Heu für unsere Kaninchen, die er täglich fütterte. Nicht nur das, während ich anderweitig beschäftigt war, richtete er Beete fürsorglich her, brachte Sämereien ein und jätete Unkraut.

Glücklich versorgte Katzenmutter Kessy ihren Nachwuchs. Eines Tages entdeckte mein Mann, dass sie stark verletzte Pfötchen hatte und blutete. In der Umgebung gab es viele Ratten. Anscheinend hatte sie mit diesen um ihren Nachwuchs gekämpft.

Er nahm sie, steckte sie in seine Aktentasche und fuhr mit ihr zum Tierarzt. Als wüsste das Tier, dass geholfen wird, streckte es die Pfötchen sofort hin, die gesäubert, desinfiziert und umwickelt wurden.

Es heilte bald, und die Jungen wuchsen schnell. Schön war es, ihnen beim Spielen und Herumtoben zuzusehen.

Nach und nach konnten wir sie an liebe Menschen verschenken. Die Zierlichste wollten wir behalten. Ihr Name war Susi.

Eines Tages tat es uns leid, sie immer alleine in der Wohnung zu lassen. Ich gab schließlich eine Anzeige in unserer Zeitung auf. „Mieze in liebevolle Hände zu verschenken. Bedingung keine Kinder und kein Hund!" Sie hatte ständig Angst vor diesen.

Schließlich kam ein älteres Ehepaar zu uns. Sie versicherten, dass sie schon immer eine Katze wollten und dass sie es gut bei ihnen hätte und es keinen Hund und keine Kinder in ihrem Haushalt gäbe. Wir waren beruhigt und schenkten diesen Leuten unsere Susi. Mir gefiel nur nicht, dass sie rauchten. „Da stinkt das Fell arg."

Tage vergingen, und wir gingen unserer Arbeit nach. Bis mein Mann fragte: „Willst du nicht mal nach deiner Susi sehen? Ich verstehe nicht, dass du dir keine Gedanken darüber machst!"

Ich machte mir Gedanken, und wie, doch ich verdrängte diese. War ich ihm dankbar, dass er das gesagt hatte.

Nun ließ es mir keine Ruhe. Es war bereits gegen Abend, und es wurde dunkel. Ich hatte Bedenken, dass ich die Adresse nicht finden würde, wo die Leute wohnten. Unsere Stadt ist groß. Mein Mann meinte: „Nimm genug Geld mit

und fahre am besten gleich mit einem Taxi, hole sie zurück!"
Ich merkte, sie fehlte ihm, sie fehlte mir.

Weit und breit war kein Taxi zu sehen. Nun stieg ich in eine Straßenbahn ein, um zur Innenstadt zu kommen. Hier wollte ich umsteigen, sah plötzlich ein Taxi und winkte. Es hielt am Straßenrand. Der Fahrer erklärte mir, dass er Feierabend machen wollte. Ich flehte ihn an: „Bitte, ich muss unbedingt nach unserer verschenkten Mieze sehen. Mein Mann und ich, wir haben ein ungutes Gefühl!" Dann erläuterte ich es ihm genauer. „Los steigen Sie ein!" Ein kleiner Kläffer begrüßte mich beim Einsteigen. Nach wenigen Minuten gelangte das Fahrzeug vor dem Haus von Susis neuen Besitzern an. Der Taxifahrer wollte warten. „Als Tierfreund will ich wissen, wie es ausgeht!"

Nach mehrmaligem Klingeln wurde ein Fenster geöffnet. Ein Mann im Unterhemd beugte sich heraus, im Hintergrund hörte ich einen Hund bellen. Mir ging es durch und durch. Susi musste Todesängste haben. Ich fing an zu weinen. Jetzt musste ich mir schnell etwas einfallen lassen. Schluchzend sagte ich: „Ich muss die Mieze wieder nach Hause nehmen, meine Tochter leidet und wir leiden, ohne sie fahre ich nicht heim, bitte, bitte!"

„Moment mal, ich muss mit meiner Frau reden!" Nun kam sie. „Ich gebe Ihnen Geld", redete ich auf beide schluchzend ein, wühlte währenddessen in meiner Tasche. Fand vor Aufregung das Geld nicht, zitterte. Einen Zwanziger- und einen Fünfziger-Schein hatte ich vorher in der Eile hineingeworfen. Fand endlich einen Schein. Ich wedelte mit dem Fünfziger und gab ihn hin. Sofort drückte mir die Frau die verängstigte Susi in den Arm. Überglücklich hielt ich sie fest „Danke, danke", und rannte mit ihr davon. „Da können Sie öfter herkommen!" riefen sie mir nach, sie freuten sich über das Geld.

Eigentlich wollte ich den Zwanziger geben, hatte ihn nur nicht gefunden. Doch das war mir in dem Moment egal.

Der Taxifahrer lächelte zufrieden, als er sah, dass es gut ausgegangen war. Meine Mieze saß in meinem Nacken und hielt sich an mir fest wie ein kleines Kind. Beruhigend redete ich auf sie ein und streichelte sie. „Susi, da warst du ja bei komischen Menschen."

„Wie viel bekommen Sie?" fragte ich den Taxifahrer. Seine Antwort: „Nichts, bei so viel Tierliebe." Ich bedankte mich herzlich und wünschte ihm einen schönen Feierabend.

Mein Mann freute sich sehr, als er sah, wie Susi und ich ins Wohnzimmer kamen. Diese kleine Mieze würden wir nie mehr hergeben.

Das Halsband

Christine Kayser

Meine ganze Familie ist sehr tierlieb. Die folgende Geschichte ist meiner Schwester passiert, und ich habe sie für sie aufgeschrieben:

An einem warmen Frühlingstag saßen wir auf der Terrasse und nahmen ein Sonnenbad.

Wir fühlten uns irgendwie beobachtet.

Plötzlich, hinter einem Blumenkübel hervor, guckte ein Kätzchen zaghaft in unsere Richtung.

Es schien ängstlich zu sein. Auf unsere Lockrufe reagierte es mit Weglaufen.

Von da an ließ es sich jeden Tag blicken und wagte sich immer näher heran, wurde zutraulicher. Zu unserem Erstaunen schlug es vor unseren Füßen Purzelbäume. Mit seiner Anhänglichkeit und dem lauten Schnurren hatte es bereits unsere Herzen erobert.

Wir stellten Futter hin, was gierig verschlungen wurde. Ein Wassernapf stand auch bereit.

Nun bekamen wir täglich Besuch, was erfreulich war. Wir gaben den Namen „Purzel".

Es war ein Kater, der weiter seine Purzelbäume vollführte.

Mittlerweile wurde es Herbst, Kälte kroch langsam heran. Wir konnten ihn draußen nicht mehr füttern. Um ihn in unsere Wohnräume zu lassen, mussten wir erfahren, ob er ein Frauchen oder Herrchen hat und gesundheitlich versorgt wurde. Diese Fragen standen im Raum.

„Müssen wir uns seiner ganz annehmen?" Wir beratschlagten. „Aber wie sollten wir das herausbekommen, ob Purzel ein Zuhause hat?"

Da kam uns die Idee mit einem Halsband.

Wir kauften eines mit einem kleinen Anhänger, den man öffnen und eine Nachricht hineinlegen konnte. Wir baten Frauchen oder Herrchen von Purzel, uns anzurufen, wenn es sie denn gab.

Purzel ließ sich ohne Probleme das Halsband anlegen und verschwand.

Am nächsten Tag kam er ohne Halsband an, und wir erhielten den erhofften Anruf.

Nun hat Purzel zwei Herrchen und zwei Frauchen. Er kommt täglich zu Besuch, labt sich, genießt viele Streicheleinheiten und schläft stundenlang bei uns im Wohnzimmer, wo es ihm gerade passt.

Als Lohn bekommen wir von ihm Schmusen und Schnurren und seine ganze Liebe.

Übrigens heißt er Bruno.

Extra ein Halsband kaufen? Nur so für mal eben? Muss nicht. Wenn es um die nachbarschaftliche Kommunikation geht, hier ein - erprobter und erfolgreicher - Vorschlag: Macht eins aus Papier, mit einer vorgelochten (heißt das perfloriert oder perlofriert?) Stelle zum Zerreißen. So kann eure Katze nirgendwo damit hängenbleiben. Kostet nix, ist mit allem beschreibbar und täglich neu zu basteln.

In Narkose

Christine Kayser

Dienstagmorgen. Meinen Mann werde ich zeitig zum Arzt fahren. Er darf nicht frühstücken. Aus Solidarität verzichte auch ich auf diesen Genuss. Will es später nachholen.

Gegen Mittag wird er ambulant operiert und muss einige Stunden dortbleiben. Wenn alles gut verläuft, kann ich ihn gegen Abend abholen.

Es wird Zeit mit der OP, denn seine Schmerzen sind teilweise unerträglich. Leistenbruch.

Der Chirurg, der ihn operieren wird, hat einen sehr guten Ruf, sein Team natürlich auch.

Wie das bei Männern so ist, hat mein Mann doch etwas Bammel. Meiner Fürsorge ist er gewiss, habe ich ihm doch extra bequeme Schlafwäsche gekauft. Die beste Bettwäsche wurde auf dem Balkon luftgetrocknet und in mühevoller Handarbeit gebügelt, mit dem Gedanken: „Er soll in Rosen aus der Narkose erwachen und sich geborgen fühlen."

Ich verabschiede mich von ihm: „Wenn du wieder heimkommst, werde ich in Zukunft nicht mehr so grantig zu dir sein." In letzter Zeit zoffen wir uns wegen Kleinigkeiten.

Nun fahre ich zur Tierärztin, gebe Urin ab, konnte ich gerade vom Kater frisch auffangen. Das mache ich mit einem Dosierer für Waschpulver, somit bleibt die Katzenstreu länger trocken. Der schon betagte Kater, umgerechnet über neunzig Jahre alt, erbricht ständig Futter und riecht fürchterlich aus seinem Rachen.

Ich habe einen Verdacht, womit das Ganze anfing: Vor längerer Zeit hatte ich im Schnee einen Igel gefunden. Er kam in eine Kiste. Ich kaufte Stroh, gab ihm Katzenfutter und Wasser. Nachts inspizierte er die ganze Wohnung. Ich hörte von einer Igelstation. Es fuhr weder Bus noch Bahn, da brachte ich ihn mit einem Taxi hin. Zurück ließ er Flöhe oder Larven, die sich später vermehrten.

Beim Kater fanden sie ihren Wirt. Flohkämme und Chemie halfen, doch leider nicht ganz.

Nun fahre ich heim und will den Kater holen. Am Vortag kaufte ich eine Transportbox. Mit großer Mühe will ich das Tier hineinverfrachten. Es misslingt, sie ist ihm zu klein. Jetzt stecke ich ihn in eine große Papiertüte. Knapp acht Kilo Kater sind zu viel, die Tüte platzt. Neuer Versuch, ich umhülle ihn mit einem Badetuch. Das gefällt ihm. Die Fahrt beginnt. Wir werden erwartet. Sofort bekommt er eine Beruhigungsspritze.

Dem Kater stehen eine Blutuntersuchung und eine Zahnsteinentfernung bevor. Ich gebe ihn ab.

Eilig fahre ich wieder heim, denn jetzt habe ich etwas Besonderes zu tun. Das kann nur geschehen, wenn niemand weiter in der Wohnung ist. Die Tierärztin klärte mich sehr gut auf, als sie mir die zwei Spraydosen gab. Ich lege los, putze und sauge Balkon und Wohnung, nun drücke ich die Sprayverschlüsse. „Jetzt sollte ich schnell raus gehen!" Es ist ein Gasgemisch.

Mir wird komisch, ich schaffe es nicht. Irgendwie und irgendwann stolpere ich, falle hin.

Ich muss die Steinstufen hinuntergefallen sein. Eine Hausbewohnerin findet mich und holt Hilfe.

Zwei kräftige Männer schleppen mich in unsere Wohnung zurück. Hier darf ich eigentlich nicht sein, aber ich bin unfähig, es ihnen zu sagen.

Stunden vergehen. Von Ferne höre ich Klingeltöne. Denke: „Wer klingelt denn dauernd, wo bin ich, warum liege ich auf dem Fußboden und warum ist es hier so grell?" Doch ganz so richtig kann ich gar nicht denken und bin dann wieder weg.

Zu der Zeit liegt mein Mann in Narkose. Der Kater auch. Ich liege immer noch in Ohnmacht.

Abends holt ein Hausbewohner gemeinsam mit seinem Schwiegersohn meinen Mann heim.

Bin selber noch gar nicht bei Sinnen. Mein Mann drängelt: „Wir müssen den Kater holen!"

Ich sage: „Es geht nicht, wir schicken einen Taxifahrer hin."

Mein Mann schimpft: „Dazu ist kein Geld da, der Monat war teuer genug, denke an den Unfall, den du bei Blitzeis hattest! Außerdem hat der Kater uns auch schon eine Urlaubsreise gekostet."

Schließlich fahren wir doch los. Die Tierärztin wundert sich über mich und meint, ich soll zum Arzt. Ich erzähle, dass mein Mann einen Beutel mit Blut an der Leiste hängen hat und wie tapfer er ist. Er zahlt die Rechnung per Bankkarte. Ich weigere mich, zu einem Arzt zu gehen.

Zuhause. Ich bin im Bett. Mein Mann ruft: „Der Kater macht alle, er kippt weg." Ich hoffe, er schätzt die Situation falsch ein. Irgendwie fallen wir schnell in den Schlaf. Am nächsten Morgen, der Kater ist topfit. Wir sind erleichtert.

Nur mein Mann hat noch heftige Schmerzen. Ich habe aufgeschlagene Knie, Schürfwunden, Rippenprellungen und eine zerbrochene Haarspange. Der Kater hat Hunger, er drängelt.

Die Tierärztin ruft an und fragt, wie es uns dreien geht. Ich sage: „Sehr gut, vielen Dank für alles."

Dann möchte sie noch Näheres über mein Befinden wissen. Ich lache: „Bin selber schuld, ich hatte bei dem Trubel ganz und gar vergessen, dass ich etwas essen wollte, denn als Diabeteskranke muss ich doch besonders meinen Zuckerspiegel im Auge behalten."

Alles gutgegangen. Aber wenn Mann und Kater mal wieder zum Arzt müssen, lege ich mir vorher ein Butterbrot bereit.

Abenteuerspielplatz Badezimmer

Natascha Kempers

Diggler geht baden

Meine dreifarbige, unerschrockene Schönheit kam bereits im zarten Alter von sechs Wochen zu mir. Sie war mutterlos, und als ich sie abholte, miaute sie während der ganzen Heimfahrt jämmerlich. Als wir endlich zuhause ankamen, fiel sie noch in der Transportbox in einen tiefen Schlaf. Viel zu viele Eindrücke für so eine kleine Maus.

Sie bekam den Namen „Diggler", gewöhnte sich schnell ein und freundete sich mit meiner ersten Katze Sammy und mit meinem Kaninchen Klopfer an.

Klopfer hatte ein eigenes Zimmer, in dem sein Käfig offenstand und worin er sich frei bewegen konnte. Klopfer war nämlich stubenrein, hoppelte vergnügt durch sein Zimmer oder, wenn ich zuhause war, durch die ganze Wohnung. Denn alle kleinen und großen Geschäfte machte er brav nur in seinem Käfig! Eine weitere Besonderheit: Aufgrund einer Erkrankung musste Klopfer regelmäßig gebadet werden.

Ein paar Monate waren vergangen, Diggler war mittlerweile zum kessen Teenie herangewachsen, und es war mal wieder Kaninchen-Badetag. Ich befüllte also wie gewohnt die Wanne zu einem Viertel und ging, um mein Langohr aus seinem Zimmer zu holen. Aus dem Augenwinkel sah ich Diggler in Richtung Badezimmer an mir vorbeispazieren und dachte mir weiter nichts dabei.

Auf einmal erklang ein „Platsch – Platsch – Platsch" aus dem Bad! Dann Stille. Auf dem (beschleunigten) Weg ins Bad empfing mich ein anklagendes „MIIIIAAAAAAUUUUUU".

Meine pitschnasse, viel zu neugierige Diggler kam mir entgegen, beim Laufen alle Viere weit vom Körper gestreckt, alle Beinchen nacheinander ausschüttelnd, und mit einem vorwurfsvoll-beleidigten Gesichtsausdruck, als hätte ich ihr das Lieblingsfutter vor der Nase weggezogen. Das Lustigste daran war aber ihre stoische Ruhe! Keine Panik, keine Hektik!

„Ich bin ins Wasser gefallen! Shit happens! DUUUUUU bist aber schuld!"

Wenn das Auge sieht, was das Hirn nicht verarbeiten kann

Das Badezimmer blieb für Diggler auch nach ihrem unfreiwilligen Bad ein anziehender Raum! Wenn das Kaninchen gebadet wurde, konnte man prima trockenen Pfötchens vom Schrank aus zuschauen. Und was es da noch alles zu sehen gab! Zum Beispiel die Bürste mit dem wahnsinnig langen Stiel. Die gehörte zu dem Stuhl mit dem Deckel. Wenn die Menschen darauf saßen, wollten sie nie, dass die Katzen auf den Schoß sprangen. Dann war da dieser kleine schwarze Eimer. Auch der hatte einen Deckel. Einen Schwingdeckel. Der Eimer war genauso hoch wie Diggler und wahnsinnig interessant. Man konnte den beweglichen Teil nämlich mit der Pfote anstupsen, und er schwang hin und her und her und hin.

Es war ein ruhiger Nachmittag, ich saß entspannt im Wohnzimmer und war in die Zeitung vertieft, bis ich aus dem Flur ein komisches Geräusch hörte: Pock – Pock – Pock – Pock.

Ich stand auf, um herauszufinden, woher das Geräusch kam. Was ich dann sah, konnte mein Gehirn im ersten Moment nicht ganz verarbeiten. Auf dem langgezogenen Flur kam mir seelenruhig mein Schwingdeckel entgegengelaufen! Er hatte vier Beinchen und einen Schwanz bekommen, konnte aber anscheinend nichts sehen, denn er knallte immer abwechselnd an die Wände des schmalen Flurs.

Rechts – dann links – dann wieder rechts ... zum Glück schien der Deckel aber völlig relaxt zu sein und auch seinen Kumpel, den Mülleimer, nicht wirklich zu vermissen.

Nach einigen Sekunden erwachte ich aus meiner Wasistdasdenn?-Starre und kümmerte mich um den armen blinden Schwingdeckel. Behutsam hob ich ihn hoch und siehe da, darunter kam doch tatsächlich meine Diggler zum Vorschein! Sie schaute mich nur wieder vorwurfsvoll an (ich weiß bis heute nicht, was ich an ihrer misslichen Lage verschuldet hatte), und schritt mit ihrem bekannten anklagenden Gesichtsausdruck und ihrem langgezogenen „MIIIIAAAA-AUUUU" im gleichen ruhigen Tempo in Richtung Küche, ihrem Fresschen entgegen.

96

Paulchen, der Troublemaker

Natascha Kempers

In einem Mehrkatzenhaushalt ist meistens auch ein Tierchen dabei, das nur Unfug im Kopf hat.

Selbst zwei Katzen reichen aus, um einem zeitweise das Gefühl zu geben, eine Horde Affen wütet durchs Haus.

Mein kleiner Kater Paul sorgt auch ganz alleine dafür.

Ich bin im Nachhinein echt froh über meine Namenswahl, denn „Paul!" kann man bei Bedarf wirklich gut schreien.

Aber Paul hat die Fähigkeit, auch ganz leise und ruhig für Chaos zu sorgen. Zum Beispiel, wenn er durchs ganze Haus läuft und sein Spielzeug in den Wassernäpfen verteilt. Eine nasse schwimmende Spielmaus sieht übrigens noch lebensechter aus als eine trockene.

Eines Freitagmorgens huschte Paulchen mir in unser Schlafzimmer, was eigentlich katzenfreie Zone war. Soweit nicht schlimm. Er erkundete neugierig die für ihn sonst unzugängliche Umgebung, dagegen hatte ich nichts einzuwenden. Nachdem er wieder bei seinen Freunden im anderen Teil des Hauses war, machte ich noch schnell die Betten. Ich war in Eile, denn ich musste zur Arbeit.

Da mein Mann leider sehr laut schläft, habe ich immer eine Vorratsbox Ohrenstöpsel unter meinem Kopfkissen. Diese Box fand ich nun offen und leer vor. Wo waren die acht bunten Schaumstoffkegel hin? Ich fand sie nirgends, und ich kannte meinen Kater – es gab nur eine Antwort: Paul hatte sie gefressen! Ein Darmverschluss war somit vorprogrammiert!

Es blieb mir nichts anderes übrig, als meinen Arbeitgeber um einen Tag Urlaub zu bitten (mein letzter verfügbarer Tag), mir mein Paulchen zu schnappen und mit ihm zum Tierarzt zu fahren.

Dort angekommen wurde ihm ein leichtes Narkosemittel gespritzt, mit dem Ziel, dass ihm schlecht werden würde und er die Fremdkörper so auf natürlichem Wege aus seinem kleinen Katzenkörper würgen könnte.

Nach einigen Minuten hörten wir dann ein klägliches Miauen, gefolgt von heftigen Würggeräuschen aus der Transportbox - und siehe da, schon kamen mein acht Neonschaumstoffkegel, unversehrt (bis auf einen, der zerbissen war) wieder zum Vorschein. Das sah schon recht lustig aus, und wir waren alle erleichtert, dass unser Feinschmecker nochmal so glimpflich davongekommen war.

Meine Tierärztin fragte mich dann noch, ob ich die bunten Stöpsel auswaschen und wieder mit nach Hause nehmen möchte. Das verneinte ich aber ...

Nach diesem Schrecken haben Paulchen und ich den Rest des Tages zum Erholen genutzt. Er sprang dann auch schnell wieder mit seinen Kumpels durch die Wohnung, und ich verstaute den neu gekauften Hörschutz Paulchen-geschützt in einem Beutel mit Reißverschluss und zusätzlich in einer neuen, schwer zu öffnenden Box.

Sicher ist sicher.

Die paar Erziehungsprobleme

Josephine König

Du willst dir also ernsthaft einen Menschen zulegen?

Ja natürlich, ich verstehe. Streicheleinheiten und Futter, schon klar.

Ich möchte dir ja nur sagen, was noch auf dich zukommt. Menschen sind nämlich zeitweise recht anstrengend. Und ich bin mir immer noch nicht sicher, ob sie sich eigentlich absichtlich so dumm anstellen.

So einfach, wie ich mir das vorgestellt habe, ist das mit der Erziehung nämlich nicht, nein.

Aber ich habe einige hilfreiche Tipps für dich.

Und ich erzähle dir gerne noch ein paar Sachen, die du bisher noch nicht über Menschen wusstest.

Zum Beispiel, dass sie immer zur unmöglichsten Zeit schlafen gehen. Nachdem wir uns den ganzen Tag ausruhen, um zur besten Zeit fit zu sein, schlafen die.

Doch, wirklich. Ja, es gibt gute Tricks, um sie zu wecken. Aber eigentlich lohnt sich das erst am frühen Morgen, sonst schlafen sie zu schnell wieder ein, und es bleibt keine Zeit zum Spielen.

Anspringen, Schnurren und Antapsen sind gut, ja. Wenn sie dich dann allerdings aus ihrem Schlafbereich aussperren, hilft nur: Krach machen. Je kreativer, desto besser. Können sie das Geräusch nämlich nicht zuordnen, sind sie sofort auf den Beinen.

Ein gequältes Miauen wirkt hier aber in Kombination mit Kratzen genauso gut, sogar noch besser. Es dauert zwar etwas länger, verlier also nicht die Geduld und maunze immer weiter.

Dafür schauen sie aber nicht nur kurz, woher das Geräusch kommt und verschwinden wieder, sondern schenken dir wie verlangt Aufmerksamkeit.

Ja stimmt, es ist schon süß. Bei einem lauten Miau werden sie sofort alles stehen und liegen lassen, um herauszufinden, was du ihnen mitteilen willst. Lehnst du das meiste ab, machen sie dein Katzenklo sogar noch einmal zusätzlich sauber.

Aber warum sie die Türen überhaupt schließen, weiß ich auch nicht. Jeder weiß doch, dass Katzen nur offene Türen akzeptieren. Vor allem, wenn es tagsüber weniger lang hell ist, das perfekte Draußenwetter eigentlich, machen sie immer alle Türen und Fenster schnell wieder zu.

Auch hier habe ich einen Trick für dich. Nach Maunzen und Kratzen werden sie die Tür für dich öffnen. Hier kommt der entscheidende Schachzug. Sie scheinen nicht zu verstehen, dass es einzig und allein um die verschlossene Tür geht. Gehst du also nicht raus, geht die Tür wieder zu. Gehst du raus, geht die Tür auch zu.

Ja, ich weiß, seltsam. Am besten funktioniert es bei meinen Menschen also, wenn ich direkt in der Tür stehenbleibe.

Mit dem Futter hast du schon Recht. Meine Menschen lieben es auch, mir immer wieder neue Sachen zum Probieren zu geben. Hier ist ganz wichtig, das Futter nicht gleich zu verschlingen. Es läuft dir nicht weg. Klaue erst ein paar Sachen vom Tisch. Danach wird gefuttert. Und wenn mal was seltsam riecht, dann musst du es sofort eingraben. Gerne auch mit Krallen auf dem teuren Holzboden.

Du weißt ja, je lauter desto besser.

Was es mit den Tischen auf sich hat, weiß ich auch nicht so richtig. Irgendwann werden sie mit Sicherheit verstehen, dass ich auf Wohnzimmertisch, Kücheninsel und Esszimmertisch raufspringe und drüberspaziere, wann ich will.

Am liebsten, wenn der Einkauf ausgepackt oder wenn gekocht wird. Oder eben, wenn ich raus möchte und sich meine Menschen schön gemütlich auf dem Sofa eingekuschelt haben.

Und warum sollte ich das auch lassen, wenn fremde Menschen in der Wohnung sind? Damit auch diese wissen, wer hier das Sagen hat, spaziere ich gelangweilt auf den Tischen umher und mache mich dann erst einmal ganz gemütlich sauber.

Wenn das nicht klappt, um ihre Aufmerksamkeit zu bekommen, knabbere ich an den Pflanzen oder kratze den Vorhang entlang.

Anfangs hat es sie gestört, dass ich meine Krallen an den Kunstlederstühlen geschärft habe. Mittlerweile lassen sie mich. Wahrscheinlich haben sie irgendwann mal bemerkt, dass die aufgekratzt viel besser aussehen.

Und es ist schließlich meine Wohnung.

Am meisten liebe ich die Aufmerksamkeit, die ich bekomme, wenn ich ihnen helfe. Wenn meine Menschen stirnrunzelnd vor einem Bildschirm etwas eintippen, weiß ich, sie sind gestresst und brauchen Ablenkung.

Oder wenn sie den Blick in die böse Zeitung werfen. Die muss erst einmal vernichtet werden.

Zum Dank gibt's Leckerli oder Streicheleinheiten.

Und du musst gut aufpassen, wenn sie die Wäsche aus dem Trockner holen. Damit sie die auch ja richtig zusammenlegen. Nein, das können sie gar nicht.

Vor allem bei den Handtüchern. Verpasst du den Moment, musst du dich später direkt im Schrank darum kümmern.

Menschen sind eben nicht so reinlich wie wir. Deshalb ist es auch so wichtig, ihnen immer ins Bad zu folgen und zu schauen, ob sie alles richtig machen.

Ja, natürlich jage ich auch für sie. Auch wenn sie viele Macken haben, ich würde sie nicht mehr hergeben. Außerdem kann ich sie so daran erinnern, wer das Alphatier im Haus ist.

Natürlich sind sie immer ganz aufgeregt, wenn ich ihnen etwas mit in die Wohnung bringe. Sie kriegen sich vor Freude gar nicht mehr ein. Und dann klauen sie´s, wahrscheinlich weil sie neidisch sind. Drehst du dich um, ist deine Beute weg.

Dabei habe ich ihnen letztens sogar ein Amsel-Ei ergattert. Wie Menschen eben sind, wussten sie es wohl gar nicht richtig zu schätzen. Dabei war die Sauerei doch so schön.

Hach ja. Du hast ja Recht. Man kann ihnen nicht lange böse sein. Man muss sie trotzdem einfach gerne haben.

Wenn ich schnurrend und warm in ihren Arm gekuschelt liege, gestreichelt und bewundert werde, dann weiß ich, dass es die Arbeit wert ist.

Und sie lieben mich über alles, das ist offensichtlich. Irgendwann habe ich sie bestimmt auch so weit erzogen, dass ich sie dir persönlich vorstellen kann.

Ja doch, du hast natürlich recht. Ich würde mir immer wieder ein paar Menschen zulegen.

Mal schauen, ob ich nicht eine Maus für sie erbeute.

Kommst du mit?

Ja gibt's denn sowas ...

Angela Kunkel

Manchmal geschehen in unserem Umfeld seltsame, aber auch lustige Begebenheiten.

Eine dieser Geschichten möchte ich erzählen.

Vor vielen Jahren begegnete mir bei einem Besichtigungstermin im Tierheim ein winziger junger Kater, maximal fünf Wochen alt und nur fünfhundert Gramm schwer. Er kletterte auf meinen Schuh und war nicht zu überzeugen, diesen wieder zu verlassen. Da ich schon immer an Vorsehung glaubte, deutete ich das Verhalten dieses Katzenbabys als schicksalhaft, und es blieb mir gar nichts anderes übrig, als dieses kleine, getigerte Hauskaterchen zu adoptieren. Ich nannte ihn kurzerhand Pascha und ahnte nicht, welch große Rolle er in meinem Leben spielen würde.

Pascha und ich wurden unzertrennlich. Wir unternahmen alles, was irgendwie möglich war, zusammen, und ich meine wirklich so gut wie alles. Ob es sich um Waschen, Putzen, Kochen oder Gartenarbeit handelte, Pascha war dabei. Er begleitete mich – immer an der Leine – bei Spaziergängen, wir benutzten zusammen Bus und Bahn, besuchten gemeinsam Freunde, und auch bei jedem Event war er ein gern gesehener Gast. Bald galten wir im

Freundeskreis und in der Nachbarschaft als unzertrennliches Team.

Eines Tages entdeckte ich bei einem unserer Spaziergänge ein neu eröffnetes Speiserestaurant. Es sah sehr einladend aus, die Speisekarte stimulierte alle Geschmacksknospen auf meiner Zunge. Da wollte ich hin. Unbedingt. Ich trommelte im Bekanntenkreis, und es dauerte nicht lange, bis sich eine kleine Gruppe von experimentierfreudigen „Gourmets" fand, die sich anschließen wollten. Schnell war ein Termin gefunden, und wir zogen los. „Kommt Pascha eigentlich mit?", wurde ich gefragt.

„Na klar", antwortete ich. Beim Restaurant angekommen, sprach mich einer meiner Freunde an. „Hast du schon gesehen, hier hängt ein Schild im Fenster: „ZUTRITT FÜR HUNDE VERBOTEN!" Ich zögerte einen Moment und blickte auf meinen Kater, der fröhlich neben mir an der Leine seine Clownerie betrieb. Kurz entschlossen entgegnete ich: „Ist Pascha ein Hund? Nein! Er ist ein Kater!" Also kein Problem.

Wir betraten das Restaurant und wurden freundlich in Empfang genommen ... bis der Kellner meinen Kater an der Leine entdeckte. Irgendwie löste dieser Anblick bei ihm eine spontane Sprachlosigkeit aus, gepaart mit leichter Schnappatmung. Ein Raunen ging durch das Restaurant, sowohl bei den bereits anwesenden Gästen als auch beim restlichen Personal des Lokals. Die Atmosphäre war zum Reißen gespannt. Hatte ich vielleicht doch zu hoch gepokert? Meine Freunde und ich rechneten jeden Moment mit einem hochkantigen Rauswurf. Lediglich mein Kater Pascha schien von dieser unangenehmen Situation völlig unbeeindruckt zu sein, blickte den Kellner unbedarft mit seinen großen freundlichen Augen an, begrüßte ihn mit einem fröhlichen Miau und strich ihm freundschaftlich um die Beine. War das Kind jetzt endgültig in den Brunnen gefallen?

Genau diesem Moment meldete sich ein Gast vom Nachbartisch zu Wort und sagte: „Mein Gott, ist dieser Kater süß, kann man den adoptieren?"

„Ja, und er ist so gut erzogen, besser als mancher Hund", kommentierte ein weiterer Gast. Damit war der Bann gebrochen. Wir durften bleiben, genossen ein wunderbares Essen und einen tollen Abend. Pascha zeigte sich von seiner besten Seite und gab sich den ganzen Abend unter meinem Stuhl seinem wohlverdienten Katzenschlaf hin. Er hatte mal wieder überzeugt und alle mit seiner gewinnenden Art um den Finger gewickelt. Ein voller Erfolg!

Oder vielleicht doch nicht?

Ein paar Tage später kam ich wieder an dem Restaurant vorbei und entdeckte ein neues, unübersehbares Schild im Fenster:

„ZUTRITT FÜR HUNDE UND <u>KATZEN</u> VERBOTEN!"

Brahma

Gisela Maaß-Weber

Wer oder was ist Brahma? In der indischen Mythologie gilt er als Schöpfergott, und er kann sich den Menschen in verschiedener Gestalt zeigen, wie Götter das manchmal tun. Und ich bin es, die ihn – Brahma – kennengelernt hat.

Ich weiß nicht mehr genau, wann es war. Auf jeden Fall sah ich ihn manchmal, ein dürres, scheues Etwas.

Aber noch weiter zum Anfang: Ich wohnte in einer Souterrainwohnung auf dem Land. Meine beiden Katzendamen verschmähten ab und an ihr Futter, dies stellte ich dann nach draußen, für die Igel. Für die Ratten? Da huschte dann manchmal was vorbei. Es musste eine Katze sein. Ganz schnell, sehr scheu und vor allen Dingen sehr mager. Mich packte der Ehrgeiz. Ich, die unerkannte (und immer noch unbekannte) Katzenflüsterin, wollte das da retten.

Irgendwann stellte ich täglich Futter raus – es war auch immer weg. Dann ließ ich mein Fenster geöffnet, und das scheue Tier traute sich – oder der Hunger zwang es – immer näher. Ich konnte den Kater irgendwann zumindest aus der Ferne beobachten. Tagtäglich kam er. Bei meinen Katzenfutternach-schubeinkäufen war er schon in der Planung. Ich kaufte schon fleißig für ihn ein. Musste nichts Teures, nichts Hochwertiges sein, aber einfach Futter. Ich konnte deutlich sehen: Der arme Kerl war mager, zu mager. Wahrscheinlich geplagt von Flö-hen, Milben und was sonst auf so einem kleinen Katzenkörper leben kann. Seine Wange hatte er so lange gekratzt, dass dort kein Fell mehr war. Man konnte sogar Zecken und was weiß ich nicht, beobachten. Da war es besser, etwas Abstand zu hal-ten. Aber der Kater wurde zutraulicher, was mich freute. Ich glaube, er war auch nicht mehr ganz so dürre. Das regelmä-ßige Füttern zeigte seine Wirkung.

Er sprang bald nicht mehr sofort weg, wenn ich mich näherte. Zwar blieb er weiterhin misstrauisch, aber unser Kennenlernen entwickelte sich sehr gut.

Irgendwann war es soweit, er saß sogar auf der Fenster-bank im Inneren der Küche und fraß. So verging der Sommer – ich glaube es war 2016 – ist aber auch egal.

Immer häufiger machte ich mir Gedanken über den kom-menden Winter. Dieser arme Kerl. So dünn und auch nicht mehr so jung. Da würde der Winter bestimmt hart werden.

Kurzentschlossen besorgte ich mir eine Lebendfalle. Die stellte ich dann ebenfalls vor mein Küchenfenster. Ich habe damit so einiges gefangen: Igel, Amseln … Jede Nacht und je-den Tag ließ ich ein verschrecktes Tierchen frei, nur nicht mei-nen – jawoll, meinen – Kater kriegte ich nicht. So gingen einige Wochen ins Land. Irgendwann musste ich mir eingestehen, dass es damit wohl nichts werden würde und verstaute die Falle wieder ins Auto.

Wie oben schon erwähnt: Ich wohnte (und wohne noch) in einer Souterrainwohnung. Mein Fenster ist ungefähr in Brusthöhe, und dort, wo bei anderen eine Fensterbank ist, geht es bei mir in den Garten über. Vor meinem Fenster steht mein Küchentisch. Ich überlegte lange, wie ich mir diesen schlauen Kater packen konnte. Denn eines war mir klar: Der wird gefangen, und ratzfatz sind die ... ab.

Ich nahm zwei eckige Wäschekörbe, die konnte man prima aufeinanderstellen, und man hatte dann so etwas wie einen Käfig oder eine zweiteilige Box. Klettband an den Griffen sollte für guten Verschluss sorgen. Einen dieser Körbe platzierte ich dann auf meinem Küchentisch, den anderen stellte ich in meiner Küche ab. Am nächsten Morgen kam mein Kater, und wie gewohnt setzte er sich auf die Innenfensterbank. Ich hatte mir schon eine dicke Jacke angezogen, dicke Schuhe, Handschuhe – eigentlich fehlte nur der Helm, man kann ja nie wissen. Ich schloss meine Küchentür, nahm den zweiten Korb, und kurz bevor ich einen Herzinfarkt bekam, wischte ich den armen Kerl beherzt in den Korb auf dem Tisch und stülpte den anderen darüber. Dann nahm ich das Ganze und stellte es auf den Fußboden.

Mein armer Kater kämpfte natürlich wie wild und hatte leider fürchterliche Angst. Irgendwie schob ich mich nebst allen Utensilien soweit in den Raum, dass ich den Korb rechts und links verschließen konnte. Der Arme war gefangen. Das war sicher ein Riesenschock für ihn, denn er hatte mir doch vertraut. Ja, und dann packte ich mir meinen Kater und fuhr zum Tierarzt. Dieser wollte auch sofort kastrieren, so vollgefressen wie der Kater war. Das war ein Schock. Ich telefonierte hin und her, und die Tierarztpraxis meines Vertrauens riet mir, ihn beim Tierheim abzugeben und dort die Sache weitermachen zu lassen. Gesagt, getan. Laut Plan sollte er am nächsten Tag operiert werden, und ich konnte ihn einen weiteren

Tag später wieder abholen. Das habe ich gemacht. Aus dem Tierheim abgeholt, brachte ich ihn in meinem geräumigen Badezimmer unter.

Ich dachte, ein Tag und dann raus mit ihm! Ich machte es ihm ein wenig gemütlich dort und ließ ihn dann in Ruhe. Bevor ich ihn dann am nächsten Tag rauslassen wollte, lugte ich unter der Tür durch und sah dicke, fette Blutstropfen. So konnte ich ihn nicht rauslassen. Eine Woche versorgte ich ihn im Bad. Ich musste zur Arbeit, und jedes Mal, wenn ich nach Hause kam, blieb mir der Atem stehen. Was der ausdünsten konnte, war nicht wirklich göttlich – nur krass, aber echt atemberaubend.

Also öffnete ich alle Türen und Fenster, damit dieser furchtbare Geruch verschwand. In dieser Zeit lernte ich, mich schlangengleich zu bewegen. Die Tür einen kleinen Spalt öffnen. Eine Pappe als Verkehrshindernis vor mich haltend, gucken, wo er ist und passend reinschlängeln. Nach einer Woche hatte ich die Nase aber trotzdem im wahrsten Sinne des Wortes voll. Ammoniak pur! Pfui Deibel. Ich dachte, sch… egal, jetzt fliegt er raus. Ich hatte schon alle Türen und Fenster geöffnet und machte nun auch die Badezimmertür weit auf.

Natürlich sah er die Chance und stürmte hinaus … blieb dann stehen und kam zurück. Er hatte ja noch nicht gefressen. Auch gut. Ich schaute, was meine beiden Grazien machten. Meine liebe Seelenkatze Toffee und mein Schätzchen Bella. Die wunderten sich aber wohl nur. Irgendwann schloss ich die Tür wieder und dachte mir: Gut, dann ist das so.

Ja, Brahma blieb mit uns zusammen. Oft schlief er so tief und fest, dass ich unsicher war, ob er noch lebte, und er genoss sein Leben. Am 27.07.2017 ging er wie gewohnt raus, als ich von der Arbeit kam. Ich dachte noch: Oh nee, bleib doch lieber hier. Hat er nicht gemacht. Seitdem habe ich ihn nie wieder gesehen.

Wenn euch so ein Gott in Katergestalt begegnet, nehmt ihn auf. Das ist gut für ihn und für euer Karma.

 *Ja, liebe Leute – Katzen und Götter, das gehört zusammen. Denkt nur mal an das Alte Ägypten und die katzenköpfige Göttin Bastet. Ist erst ein paar tausend Jahre her. Oder die nordische Göttin Freya, die war immer in Katzenbegleitung. Ich finde, so ein bisschen Huldigung täte auch heute wieder gut.*

Therapiehund-Pause

Petra Ottkowski

Schon wieder, die beiden Therapiehunde! Ihr freudiges, erwartungsvolles Bellen reißt mich aus meinem Nickerchen. Als altgedienter Altenheimkater kann ich sie nicht ausstehen. Weder den Großen mit den Schlappohren, noch den kleinen Wuschel, den alle *sooo* niedlich finden. Adrian und Floh. Wobei nicht der Kleine Floh heißt.

Selbst im Aufzug machen sie Werbung für sich. Das therapeutische, achtpfotige Doppelpack kostet die halbe Stunde neunzig Euro!

Nicht dass ich neidisch wäre. Das ist unter meiner Würde.

Aber mich stört, dass die beiden nach getaner Arbeit so relaxt aussehen. Und nicht geschafft, wie nach ehrlicher Arbeit.

Der Kleine darf sogar in die Betten springen und kuscheln. Ums Küsschen geben beneide ich ihn nicht.

Bilde ich es mir ein oder war da etwas Arrogantes im Blick des Kleineren?

Aber natürlich haben sie mich übersehen. So wie immer. Wie die Besucher des Altenheims. Alle halten mich für ein Sofakissen. Dabei bin ich ein stattlicher Maine Coon Kater, blue-smoke, auch wenn solche Feinheiten hier niemandem auffallen.

Mir gefällt die Rolle des Statisten, der unsichtbar auf dem Sessel döst und bei jedem Aufzuggeräusch kurz aufwacht. Ich liebe es, alles im Blick zu haben.

Man muss mich trotzdem bemerken, sonst hätte sich in all der Zeit schon mal jemand auf mich draufgesetzt.

Das wäre mir manchmal sogar lieber als diese ewige Nichtbeachtung.

Früher hätte man mich garantiert nicht übersehen. Da war ich ein gestandener Kater, den die Damenwelt nicht verschmäht hatte.

Und als meine Dosenöffnerin ins Altenheim musste, war klar, dass ich ihr folgen würde. Besser ein tierfreundliches Heim als ein Tierheim.

Leider war unser gemeinsames Glück nur von kurzer Dauer. Wie vermisse ich mein Frauchen! Auch wenn sie zum Schluss etwas durcheinander war, hatte sie nie vergessen, was ich mochte. Vor allem meine Streicheleinheiten.

Ich bin ein großer Kuschler, und das wurde mein Verhängnis.

Mittlerweile denke ich, dass mir in keinem Tierheim so langweilig wäre wie hier. Ich bin in meinen besten Katerjahren in der Seniorenresidenz gestrandet.

Adrian und Floh springen jetzt aus dem Aufzug. Adrian ist heute besonders überdreht. Seine kleine Wuschelrute trägt er stolz nach oben. Wie ich ihn hasse! Besonders sein glückliches Hundegrinsen.

Aber das Grinsen wird ihm schon bald vergehen.

Von meinem Sofaplatz habe ich nicht nur den Aufzug im Blick, sondern auch den Haupteingang.

Da ist heute geschäftiges Treiben.

Schwester Ines, die mir sonst immer kurz den Kopf krault, hat heute keine Zeit für mich.

„Mein liebes Katerchen", sagt sie. „Es tut mir leid, dass ich mich heut nicht um dich kümmern kann." Ich mag es nicht, wenn sie mich als Katerchen bezeichnet, aber das würde ich nie zugeben. Denn sie kann fast so toll streicheln wie meine alte Dosenöffnerin.

Heute riechen ihre Hände jedoch streng und sonderbar.

Als ob sie meine Gedanken erraten hätte, sagt sie: „Ich habe mir gerade die Hände desinfiziert. Da kann ich dich leider nicht streicheln."

Und dann klebt sie mit Schwester Karla kleine Aushänge an die Fensterscheiben des Eingangsbereiches.

Leider kann ich nicht lesen, was draufsteht.

Aber mir wird schon bald klar, was los ist.

Die Besucher sind ausgesperrt. Ratlose, manchmal verzweifelte Gesichter vor der Fensterscheibe. Statt Lift-Spotting betreibe ich jetzt Entrance-Watching.

Adrian würde sagen, ich sei ein Angeber. Aber ich kann auch nichts dafür, dass meine Dosenöffnerin Englischlehrerin war.

Manchmal tun mir die Menschen vor der Glasscheibe leid. Sie sehen so traurig aus.

Und das alles wegen der strengen Vorsichtsmaßnahmen, die ab sofort gelten, wie ich aus einem Gespräch zwischen Schwester Ines und Schwester Karla gehört habe.

Auch ich bin mit Besuchsverbot belegt, wie alle Senioren hier.

113

Vor Einsamkeit könnte ich vergehen.

Schwester Ines lässt sich kaum noch blicken. Höchstens, wenn sie am Eingang Blumensträuße und kleine Geschenke entgegennimmt. Dann eilt sie zu den Bewohnern, als ob die Blumen unterwegs verwelken könnten.

Die Maske steht ihr nicht.

Aber vielleicht bin ich auch nur beleidigt, weil sie keine Zeit mehr für mich hat.

Eigentlich sollte ich es gewohnt sein, dass man mich ignoriert.

Eltern warnen ihre Kinder vor mir: „Vorsicht, der könnte kratzen." Dabei betonen alle Altenheimmitarbeiter, „dass ich ein ganz Lieber" wäre.

Aber davon kann ich mir auch keine Maus fangen. Das überzeugt niemanden, wie ich an den skeptischen, elterlichen Mienen sehe. Immerhin zieht mich kein Kind am Schwanz, und gegen den Strich werde ich auch nicht gebürstet. Und vor bonbonklebrigen Fingern habe ich meine Ruhe.

Ich mag alte Menschen sowieso viel lieber. Und wie ich mein Frauchen vermisse!

Zur Not würde ich mich sogar mit aufgedrehten Kindern beschäftigen. Aber nicht einmal auf dem Sofa mir gegenüber dürfen sie sitzen.

Den Spruch kann ich auswendig: „Der könnte Zecken aus dem Park mitbringen." Tatsächlich habe ich manchmal eine, die mir Schwester Ines liebevoll herausdreht. Sie hat eine spezielle Zeckenzange, die nicht einmal ziept.

Adrian und Floh haben natürlich nie Zecken. Dabei wünsche ich Adrian alle Flöhe und Zecken des Parks an den Hals beziehungsweise ins stets frisch gewaschene Fell. Die beiden sind garantiert zeckenfrei. Das weiß ich, seit mich einmal ein Hauch von Kokosduft streifte und mich aus sehnsuchtsvollem Halbschlaf weckte.

Doch warum sollte ich mich über die beiden aufregen? Auch sie dürfen wegen Besuchsverbot nicht mehr rein.

Es ist zwar elend langweilig.

Aber für mich heißt das auch: Therapiehund-Pause.

Auch wenn es mir einen Stich gibt, dass niemand an Therapiekater glaubt.

Doch ohne Adrian habe ich etwas Stress weniger! Wegen meiner dürfen diese Sicherheitsvorkehrungen ruhig noch länger gehen.

Da nun die Besucher wegbleiben, habe ich meinen Beobachtungsposten auf die Terrasse verlegt. Von hier aus kann ich den Nutrias beim Bauen und Baden zuschauen. Das sind richtige Großfamilien. Kein Wunder. Die Kinder werfen den Bisamratten von der Brücke aus Äpfel zu, die dann nicht einmal untergehen, sondern lange auf dem Wasser schwimmen. Und die Nutrias sind sich nicht zu fein, um nach ihnen zu schnappen. Das ist würdelos.

Und ein Grund, warum ich meinen alten Sofaplatz wieder eingenommen habe, auch wenn der Aufzug nur noch selten fährt.

Aber gestern war ein besonderer Tag.

Ein älterer Mann huschte vorsichtig aus dem Aufzug. Ich wurde von einem leisen Klickklack wach, das ich als geschulter Altenheimkater gleich richtig einordnete. Das war das suchende Tippen eines Langstockes, der sich meinem Schlafplatz näherte.

Ich schaute mit halbgeöffneten Augen auf.

Der Mann wirkte erschöpft und schien ein Sitzplätzchen dringend zu brauchen.

Und dann passierte das, was ich mir oft heimlich vorgestellt hatte.

Eine knochige Hand hielt sich an der Lehne fest.

Und ich will gar nicht beschreiben, was danach passierte.

Adrian würde schadenfroh auflachen.

Ich schwankte innerlich. Sehnte es herbei, dass das Hinterteil des Mannes mich berührte.

Aber ich wollte es nicht drauf ankommen lassen.

Einen Unfall kann ich mir nicht leisten.

Und so duckte ich mich rasch und machte einen geschmeidigen Satz nach unten – direkt zwischen seine zittrigen Beine.

Das war unhöflich.

Schließlich konnte der Mann mich nicht sehen.

Und ich war dankbar, dass Schwester Ines nichts davon mitbekam.

Dann wären alle Streicheleinheiten gestrichen, bis auf weiteres.

Aber zum Glück kam es anders.

Ich kann nicht sagen, wer sich mehr erschrak. Der Mann oder ich.

Dabei erschreckt sich normalerweise niemand vor einem tierischen „Sofakissen".

Aber ein Sofakissen in kamikazehaftem Zickzackmodus ist auch etwas anderes als die übliche Altenheimdeko.

Ein Seufzer entwich mir. Und ein etwas uncooles Miau.

Manchmal ist es gut, nicht cool zu sein.

Zumindest für Momente.

Unser erstes Rendezvous war richtig misslungen, aber ich erkannte an seinem erkennenden Lächeln die gleiche Sehnsucht wie bei mir. Und was konnte er kraulen! Und ich tat ihm auch gut. Wer braucht schon einen Therapiehund, wenn man den weltbesten Therapiekater gleich vor Ort hat!

Leben mit einem alternden Kater – oder Können Katzen Alzheimer kriegen?

Susanne Reijnen

Mit einem Kater zu leben, der schon zum älteren Semester zählt, ist eine manchmal anstrengende Erfahrung. Unser Albert entwickelte ähnliche Schrullen wie Menschen. Unter anderem hatte er manchmal geistige Aussetzer, zumindest erschien es uns so. Beispiel gefällig? Es war der letzte Samstag vor Heiligabend, ich war mit meinem Mann Theo in der Stadt unterwegs. Nachdem die Einkäufe und wir erledigt waren, gönnten wir uns im Fernsehen unsere Lieblingswintersportart Biathlon. Nach einem sehr spannenden Rennen dämmerten wir beide, auf dem Sofa liegend, weg. Kater Albert lag zu meinen Füßen und schien fest zu schlafen. Plötzlich durchbrach ein Geräusch meinen Dämmerschlaf, es hörte sich an, als würde etwas durchbrennen, und noch bevor ich es einsortieren konnte, gingen der Fernseher und alle Lichter aus. Stromausfall. Aus den Augenwinkeln sah ich Albert unter unseren Arbeitstischen hervorkommen.

Mit einem unguten Gefühl ging ich unter den Tischen auf Tauchstation, konnte aber nichts entdecken. Mittlerweile war auch Theo wieder wach. Also, ab zum Sicherungskasten. Mmh – alle Sicherungen waren drin. Da es noch heller Tag war, konnten wir auch nicht mit einem Blick auf die Nachbarhäuser feststellen, ob vielleicht ein allgemeines Stromproblem in unserer Straße vorlag. Also, die Nachbarn anrufen. „Nöh, wir haben Strom". Eine genauere Überprüfung unseres Sicherungskastens zeigte, dass unser FI-Schutzschalter ein etwas antiquiertes Modell und kein Kipp- sondern ein Drehschalter war. Er stand quer statt senkrecht. Das war zunächst gar nicht aufgefallen. Wieder eingedreht, und schwupps hatten wir wieder Strom. Aber warum war er überhaupt ausgefallen? Eine erneute Suche unter unseren Arbeitstischen und der Einsatz unserer Nasen ergab: Albert musste irgendwo hingepischert haben, doch der Teppich war nicht nass. Nur die Steckdosenleiste, an der ein Rechner, der Switch und der Rooter hingen, roch ziemlich angeschmort. Bei näherer Untersuchung stellte sich heraus, dass unser Kater, wie auch immer, es geschafft hatte, genau in eine Dose der Leiste zu pischern und damit die gesamte Steckdosenleiste unter „Wasser" gesetzt hatte. Das war die Ursache für den Kurzschluss. Nun also - alle Stecker ziehen, die Leiste vorsichtig in viel Küchenrollenpapier eingewickelt ins Bad tragen und ausgießen.

Die nachfolgende Schadensaufnahme war nicht erbaulich. Switch und Rooter waren hin, Rechner zum Glück nicht. Was nun? Erst einmal den Kater vor meinem Mann in Sicherheit bringen. Dann, man hat ja sonst keine Hobbies, am letzten Samstag vor Weihnachten nach Essen fahren und in einem Elektronikgroßhandel für über 200,00 Euro neue Teile kaufen. Aber wenn man schon mal da war, konnte man auch noch ein paar andere Kleinigkeiten für den eigenen Spaß mitnehmen, zum Beispiel zwei Radioselbstbausätze, einmal zum Stecken und einmal zum Löten. Dann ab nach Hause. Dort wieder den Kater vor Theo beschützen, denn der rödelte und fluchte den ganzen Abend, um die neuen Teile ans Laufen zu bringen. Und wer sich schon mal an EDV und allem was da dranhängt versucht hat, weiß, dass man die Büchse der Pandora öffnen kann. Bei uns ging es zwar einigermaßen gut aus, aber es hat trotzdem mehrere Stunden gedauert.

Was aber hatte unseren Kater dazu bewogen, die Steckdosenleiste mit seinem Katzenklo zu verwechseln? Ich weiß es nicht, aber wir haben hinterher noch mehrfach beobachtet, dass er auf dem Weg zu seinem stillen Örtchen einen kleinen

Zwischenstopp einlegte. Und man konnte förmlich sehen, dass er grübelte: "Wo wollte ich jetzt noch mal hin?" So lag die Vermutung nahe, dass auch Katzen Alzheimer kriegen können und Albert an diesem Tag kurzfristig völlig vergessen hatte, dass es zwei (!) Katzentoiletten in diesem Haus gab. Danach benutzte er sie wieder ganz normal.

Theo und ich hatten dafür eine nette Weihnachtszeit, in der wir gemeinsam die beiden Radios zusammenbastelten, die auch tatsächlich beide funktionierten.

Und – wir haben eine Geschichte, die wir noch lange Zeit erzählen werden und die viele Menschen, uns eingeschlossen, zum Lachen bringt. Soll man da jetzt noch nachtragend sein?

In Memoriam Kater Albert

So was ist mir noch nicht passiert, aber ich bin ja auch noch ein junger Hüpfer. Dafür mache ich anderen Blödsinn und bringe meine Menschen damit auf die Palme. Von Steckdosen werde ich mich also lieber fernhalten.

Missi

Sylvia Reinhardt

Hallo Leute, meine Menschen meinen, ich soll mal was von mir erzählen. Hm, wieso ich? Das können doch auch meine Menschen tun. Na gut, dann will ich mal nicht so sein. Obwohl es eigentlich gar nicht so viel zu erzählen gibt, was meine Menschen nicht selbst wüssten. Und über die Erlebnisse, von denen sie nicht so viel wissen, mag ich eigentlich gar nicht reden.

Also, als ich noch ganz klein war, da lebte ich auf einem Hof mit vielen anderen Tieren. Eines Tages ist meine Mama auf Jagd gegangen und nicht wiedergekommen. Irgendwie konnte ich nie so schnell futtern wie meine Geschwister. Später wurde mir gesagt, mit meinem Mäulchen und meinen Zähnen würde was nicht stimmen. Ich weiß nicht, was damit gemeint ist, ist doch alles normal, oder? Na, jedenfalls war für mich selten noch etwas Futter da, wenn die anderen fertig waren.

Dann kam ich plötzlich zu einem neuen Frauchen. Mit dem Futter wurde es etwas besser. Das stellte sie mir immer in die Badewanne, da sie noch so eine äußerst verfressene Dackeldame besaß, die mir mein Futter weggeklaut hat, wenn sie rankam. Allerdings redete das Frauchen ständig davon, dass ich doch nur wenig Futter bekommen dürfte und auch nur eine bestimmte Sorte, da ich sonst nichts vertragen würde. Vor allem sollte ich keine zusätzlichen Leckerlis bekommen, wegen der Verdauung, meinte sie. Gemein, der Dackel durfte zwischendurch naschen.

Außerdem war es laaaaangweilig. Immer wenn das Frauchen nicht da war, durfte ich nur in den Flur und in das Bad, nicht in die anderen Zimmer. Und Frauchen war so oft unterwegs.

Aber dann kam Shana. Zuerst nur, um mir das Futter zu geben, wenn Frauchen lange weg war. Dann setzte sie sich jedoch immer eine Weile zu mir. Schließlich sprach sie mit meinem Frauchen, dass sie mich doch in ihre Wohnung mitnehmen und versorgen könne, wenn mein Frauchen mehrere Tage weg war. Yeah – Shana ist nämlich fast immer zu Hause. Und sie hat eine ganz toll große Wohnung. Und ich darf überall hin! Wow – da hatte ich aber erst mal richtig zu tun, um alles zu entdecken.

Natürlich hat Shana von meinem Frauchen einen Haufen Weisungen bekommen, wie sie mit mir umzugehen habe. So sollte sie mir nicht mehr als zweimal am Tag ein halbes Schälchen Futter geben, und nur die eine, bestimmte Sorte. Und keine Leckerlis, weil ich die nicht vertragen würde. Und sie brauche auch nicht mit mir zu spielen, weil ich das eh nicht wolle, nur hin und wieder mal mit dem Pointer, aber nicht zu lange, weil da mein Herz nicht mitmachen würde. Miauuu – was für einen Haufen Blödsinn.

Shana hat sich ein oder zwei Tage daran gehalten. Dann setzte sie mich in eine Schüssel und hat unten dran ein paar Zahlen abgelesen. Sie brummelte dann was vor sich hin mit „zweieinhalb Kilo für zweieinhalb Jahre" und „viel zu dünn". Jau – und dann gab es richtig Futter. Nicht zu schnell, aber eben öfter am Tag. Und vor allem auch mal andere Sorten. Bäh, die ewig gleiche Pampe hatte mir schon lange zum Hals herausgehangen. Aber der Hunger ließ mich meine Portion eben immer brav auffuttern.

Und wenn Shana nicht aufpasst, dann probiere ich auch mal was, was nicht auf meinem Futterplatz steht. So wie den Fisch in der leckeren Tomatensoße. War zwar nicht leicht aus der Dose herauszufischen, hat aber gut geschmeckt. Ach ja und die Blaubeeren neulich auf dem Teetisch haben auch so verführerisch geduftet.

An den Nachmittagen kommt immer Raja für ein paar Stunden vorbei. Raja ist die Tochter von Shana. Die Beiden trinken dann Tee, unterhalten sich und stieren auf so einen komischen Kasten, in dem sich Bilder bewegen und aus dem Geräusche herauskommen. Aber sie spielen auch mit mir. Sie legten allerhand seltsame Dinge auf den Teppich und bewegten diese auch hin und her. Auch so ein komisches quietschendes Federbällchen an einer Schnur baumelte mir immer wieder mal vor der Nase. Das Quietsch-Geräusch mag ich gar nicht, so wurde die Federangel in eine Ecke verbannt, welch ein Glück. Aber die anderen Dinge sind schon interessant. Manche duften ganz toll nach Minze, manche bewegen sich.

Wenn Shana sich ihr Menschenfutter macht, dann passiert manchmal was Lustiges. Es gibt so kleine, in sich gedrehte Dinger, die sie in einen Topf mit heißem Wasser wirft. Spirelli nennt sie die. Hin und wieder fallen ein paar runter. Hui, mit denen lässt es sich toll spielen. Aber mir sind die Dingelchen auch schon unter die Schränke gekullert. Mist. Shana nahm dann ein Stöcken. Oh, da hab' ich mich anfangs mächtig erschrocken und Angst bekommen, denn wenn die großen Zweibeiner früher solche Stöcke in die Hand genommen haben … Ach, davon mag ich gar nicht sprechen. Ich bin also ganz schnell in das andere Zimmer gesaust und habe mich versteckt. Da wurde Shana ganz traurig. Sie hat mich aus dem Versteck geholt, ganz langsam und sanft, hat mich ganz lieb gestreichelt und mit mir gesprochen, in ihrer komischen Zweibeinersprache. Sie hat mich wieder mit in die Küche genommen und mir ganz langsam gezeigt, dass sie mit dem Stöckchen doch nur mein neues Spielzeug unter dem Schrank hervorholt. Und mittlerweile habe ich auch gar keine Angst mehr davor. Auch nicht vor dem großen Stock mit den Borsten unten dran. Der war früher auch nicht schön für mich. Aber wenn Shana den jetzt in die Hand nimmt, dann wird es lustig. Da kann ich auch richtig schön spielen damit.

Aus den paar Tagen, die ich bei Shana sein sollte, wurden Wochen, dann Monate. Die Besuche von meinem Frauchen waren nie oft und wurden immer seltener. Aber das interessierte mich nicht so richtig. Schließlich zog mein eigentliches Frauchen eines Tages aus dem Haus aus und ward nicht mehr gesehen. Shana und Raja haben sich mal unterhalten und ich hab genau gehört wie empört sie waren, dass sie nicht einmal die neue Adresse erfahren hatten.

Na, mir soll's recht sein, ich will eh hierbleiben. Dafür habe ich meine beiden jetzigen Bediensteten gut erzogen. Da ich am Anfang so mager und schreckhaft war, taten sie doch einfach alles für mich, was ich nur wollte.

Aber ich habe noch eine Lieblingsbeschäftigung: zum Fenster rausgucken. Alles vor dem Haus ist ganz klein. Und fliegende, piepsende Federdinger schießen an uns vorüber, manchmal ganz dicht. Wenn Shana mich auf den Arm nimmt, öffnet sie das Fenster. Dann schnuppere ich die frische Luft, und es ist keine komische durchsichtige Wand mehr zwischen den Piepsern und mir. Aber Shana hält mich dann ganz fest. Menno, ich will doch jagen. Shana meint, ich könne nicht in der Luft stehen, weil wir in der zweiten Etage wären und diese „Schwalben" wären nur so dicht am Haus, weil sie unterm Dach ihre Nester hätten. So was Blödes, die Federlinge sind doch auch in der Luft. Aber da lässt sie nicht mit sich diskutieren.

Sonntag ist für die Zweibeiner wohl ein besonderer Tag. Zumindest denke ich das, wenn ich sie reden höre. Da darf ich dann am Morgen mitgehen, wenn Shana zu Raja geht. Dazu verlassen wir das Haus nicht einmal. Wir gehen einfach ein paar Treppen hinab (es sind viermal elf Stufen, das habe ich mehrfach geprüft) Wenn ich in der Mitte der dritten Elf bin, stecke ich meinen Kopf durch das Gitter vom Treppengeländer und schaue nach unten. Da sehe ich dann, ob die Tür zu der Wohnung von Raja aufsteht. Mit einem Freudenschrei ziehe ich dann ganz schnell den Kopf durch das Gitter zurück und rase nach unten, durch die offene Tür und gleich in die Küche, wo ich meine Leckerlis finde. Die Zweibeiner setzen sich dann auch in die Küche, trinken die braune Brühe, die sie Kaffee nennen (habe ich mal probiert, schmeckt scheußlich) und reden. Mir egal, ich erkunde dann die Wohnung.

Ja, das Leben kann so schön sein: Schlafen, spielen und futtern. Jaaa, toben ohne Ende. Am Anfang waren Shana und Raja sauer auf meine vorherigen Besitzer, weil ich so dünn war. Deshalb habe ich immer ganz viele Leckerlis bekommen. Und ich habe mich endlich mal so richtig schön satt gefühlt. Aber nach einer ganzen Weile meinten sie, 4,7 Kilo wären genug. Zwar bekomme ich mein Futter immer noch und das ist auch ganz lecker. Aber für meine sonstigen Leckerlis soll ich jetzt arbeiten. Arbeiten? Ich? Selbst lieb gucken funktioniert nur noch selten. Dabei mag ich doch die mit Käse gefüllten Kissen so gern, miau.

Raja brachte auf einmal so ein komisches Gebilde aus Pappröhren. Und sie hatte doch tatsächlich die Frechheit, meine Lieblingsleckerlis vor meinen Augen in diese Röhren zu packen, anstatt sie mir auf meinen Teller zu legen, wie es sich gehört. Nein, ich soll mir die Dinger dort rausfummeln. Ich? Pöh!

Also ich habe erst einmal ganz empört einen Inspektionsgang durch alle anderen Zimmer angetreten. Hmm. Aber dieser Duft. Also bequemte ich mich nach einer Weile wieder in das Wohnzimmer. Naja, man kann es ja mal versuchen. Die ersten Stücke habe ich leicht mit der Zunge erreichen können. Aber da war noch mehr in diesen blöden Röhren. Raja lag neben mir auf dem Teppich und fischelte immer mit ihren Menschenpfoten da drin herum. Dabei schaute sie mich so auffordernd an. Hmm – ich sollte es wohl ebenso machen. Sie meinte, meine Mama hätte mir so was gezeigt, wenn sie länger bei mir gewesen wäre.

Na gut, also fummele ich jetzt, um an die Käsekissen zu kommen. Aber das lasse ich mir natürlich nicht gefallen. Darum habe ich mich letztens auf diesen dummen Pappröhrenturm gestellt und ihn ganz und gar auseinandergefetzt. So – erledigt. Und zwar ein für alle Mal.

Grumpf – doch nicht erledigt. Raja hat nur gelacht, und am nächsten Tag stand ein neues derartiges Gebilde auf dem Teppich. Das Leben ist nicht fair.

Eine Erinnerung an Missi (2007-2013) – wir werden dich nicht vergessen.

126

Toulouse

Brigitta Rudolf

Hi Fans! Ich bin Toulouse. Von meiner Katzenmama Sabine habe ich diesen schönen Namen erhalten. Mein Pelz ist übrigens pechschwarz. Außerdem habe ich ein weißes Lätzchen auf der Brust, sowie weiße Pfötchen und helle Schnurrhaare. Wir leben schon ziemlich lange zusammen, und zu unserer Familie gehören Katzenpapa Hans und meine Brüder Simenon, Lucky und der vorwitzige Benny. Ich vertrage mich mit allen gut, aber ich habe schon eine kleine Sonderstellung in unserem Haushalt. Warum? Das will ich euch sagen. Ich bin der Einzige, der unsere Katzenmama ab und zu in die große, weite Welt begleiten darf. Das macht mir immer viel Freude! Sobald sie nach meiner Leine greift, weiß ich, es ist mal wieder soweit.

So waren wir schon in einem Kindergarten zu Besuch, und Sabine hat mich auch in ein Altenheim mitgenommen, um den Senioren dort eine Freude zu machen. Die Kleinen im Kindergarten wollten mich alle streicheln und haben meiner Katzenmama ganz viele Fragen gestellt. Einige hatten zuhause selbst eine Katze, aber ich glaube, alle Anderen hätten mich am liebsten mit nach Hause genommen.

„Nix da", hat meine Katzenmama gesagt. Ich weiß, sie würde mich für kein Geld der Welt hergeben! Keinen von uns, und das ist ja auch richtig so, denn wir gehören schließlich zur Familie.

Aber sie hat mich schon mal „ausgeliehen". Ihre Freundin Brigitta schreibt nämlich Bücher. Am liebsten Tiergeschichten, wie sie selbst sagt, deshalb gibt es natürlich auch ganz viele Katzengeschichten von ihr. Die stellt sie in Lesungen

127

vor, und so kam es, dass Sabine und ich schon sie einige Male dabei begleitet haben.

Das erste Mal war das in einer Buchhandlung in unserer Stadt. Ich habe mich gewundert, wie viele Leute gekommen waren, um meiner Katzenmama und Brigitta zuzuhören, und ich glaube, die beiden Frauen hatten mächtig Lampenfieber. Ich weniger, mir hat es richtig Spaß gemacht, meine Umgebung zu erkunden. Allerdings bin ich nicht mehr der Jüngste, und meine Augen lassen auch ein wenig nach, deshalb mussten sie mich ein paar Mal retten, wenn ich mich mit meiner langen Leine zwischen den Stühlen verheddert hatte. Aber das hat gar nicht gestört, im Gegenteil, alle Zuhörer fanden es prima, dass ein echter Kater bei der Lesung anwesend war. Brigitta´s eigener Kater würde das nämlich nie machen, der Schisser!

Irgendwann wurde es mir zu langweilig, zwischen den Beinen der Besucher herumzustrolchen, deshalb bin ich lieber in das große Schaufenster gesprungen und habe mir die vielen Bücher angeschaut, die darin ausgestellt waren. Zum Erstaunen aller bin ich auf meinen Samtpfötchen so vorsichtig dazwischen auf und ab marschiert, dass nichts umgefallen ist. Ha, das war doch eine meiner leichtesten Übungen, was denken die Leute denn von uns Katzen? Witzig war es auch, den Passanten, die draußen auf der Straße und dem Bürgersteig unterwegs waren, nachzuschauen. Einige blieben sogar stehen und klopften an die Scheibe und lachten oder winkten mir zu, als sie sahen, dass ich kein Dekostück war.

„Schau mal, da sitzt ein echter Kater im Schaufenster", hörte ich gleich mehrere Leute staunend sagen. Schließlich habe ich mich in eine Ecke gequetscht und ein bisschen gedöst. Als ich drinnen den Applaus aufbrausen hörte, wurde ich wach und bin zurück in den Laden gesprungen. Während die Zuhörer sich die Bücher anschauten, meiner Katzenmama und Brigitta Fragen stellten oder ein Buch kaufen wollten, habe ich für meinen selbstlosen Einsatz eine Belohnung bekommen. Eine ganze Tüte mit Leckerlis hat Brigitta für mich rausgerückt, und die durfte ich sofort auffuttern. Natürlich brauchte ich dazu keine Aufforderung, ruck-zuck waren die in meinem Bäuchlein verschwunden.

Ich glaube, ich habe den beiden Damen ein kleines bisschen die Schau gestohlen, aber das fanden sie total in Ordnung. Brigitta hat anschließend sogar gefragt, ob meine Katzenmama und ich sie nicht immer zu ihren Lesungen begleiten wollten. Nee Leute, den Stress tue ich mir wirklich nicht an, dazu sind es viel zu viele Abende, an denen wir dann unterwegs sein müssten. Ab und zu ist das etwas anderes, dann ist es auch für mich eine schöne Abwechslung in meinem Katzenalltag.

So waren wir auch bei einer Lesung in einem Katzencafé dabei. Wo, das darf ich nicht verraten, denn was da passiert ist, das sollte ich eigentlich nicht erzählen, aber für euch mache ich eine Ausnahme.

Also, das war so: Die Samtpfötchen gehören da zum lebenden Inventar, wenn man so will. Die Besucher freuen sich, wenn sie die streicheln können oder ihnen zuschauen dürfen, wenn die Katzen den Serviererinnen auf der Schulter sitzen. Natürlich kommt es vor, dass besonders neugierige Katzen auf die Tische springen, und manchmal sind sie sogar so dreist, zu versuchen, den Gästen ein Stück vom Teller zu klauen.

An dem Tag, als wir da waren, gab es ein bisschen Aufregung deshalb. In der Pause, als die Leckereien serviert wurden, war nämlich eine Katze auf einen der Tische gesprungen und hatte zunächst mit einem kleinen Mädchen und ihrer

Mutter ein bisschen geschmust. Dann verließ die Mama kurz den Raum, und die Kleine blieb mit der Katze zurück. Kurz darauf erschien die Serviererin und stellte für Mutter und Tochter jeweils einen Teller mit einem großen Stück Sahnetorte hin.

Dieser duftenden Köstlichkeit, direkt vor ihrer Nase, konnte die Katze bestimmt nicht widerstehen. Und schon begann sie augenblicklich damit, bei dem einem Stück Kuchen einen Teil der Sahnegarnitur mit ihrer rosigen Zunge abzuschlecken. Das kleine Mädchen quietschte vor Vergnügen, und alle schauten sich nach ihr um. In dem Moment kam auch ihre Mama zurück, aber die fand das Ganze gar nicht lustig. Sie riss der Katze schnell den Teller fort und schimpfte mit ihrer Tochter, weil sie nicht aufgepasst hatte. Natürlich erschrak die Katze und sprang sofort vom Tisch, um sich in dem Tumult unter einer Bank zu verkriechen. Die meisten Gäste lachten aus vollem Halse, und meine Katzenmama und Brigitta lachten ebenfalls mit.

War doch auch nicht so schlimm oder?

„Wer ein Katzencafé besucht, der muss einfach mit sowas rechnen", das haben sie beide gesagt und sich anschließend die Lachtränen aus den Augen gewischt. Zum Trost bekam das Mädchen ein neues Stück Torte. Und ich durfte heimlich von Sabine´s Finger ein bisschen Sahne schlecken. Hm, die war wirklich lecker!

130

Caris, die kleine Katzastrophe

Silke Schäfer

Der schwarze Kater Caris gehörte meiner Freundin Birgit. Sie hatte ihn als verschrecktes Baby mit ungewisser Herkunft aus dem Tierschutz übernommen, er war vielleicht acht Wochen alt. Regelmäßige Nahrung war anscheinend etwas, das er bis dahin nicht gekannt hatte, denn sich den Bauch vollzuschlagen war immer Caris' vordringlichstes Ziel.

Es ist jetzt über dreißig Jahre her – aber ich sehe den Kleinen noch deutlich vor mir, wie er sich schreiend an Birgits Jeans hochhangelte, als sie in der Küche seine erste Mahlzeit im neuen Zuhause für ihn vorbereitete. Als ob eine große Spinne an ihrem Bein hochkroch.

An einem Abend kurz darauf hatte Birgit Freunde eingeladen, und ich war schon etwas eher da, um ihr bei den Vorbereitungen zu helfen. Alles war bereit, der Tisch war gedeckt, mitten darauf eine hohe Glasschüssel mit Kartoffelsalat.

Es klingelte, die ersten Gäste kündigten sich an. Birgit ging, um den Türöffner zu betätigen. Nach einem prüfenden Blick, ob am Tisch nichts fehlte, folgte ich ihr in den Flur.

Als wir im Treppenhaus Schritte hörten, drehten wir uns wieder um und hatten einen direkten Blick auf den Tisch. Der Kartoffelsalat hatte eine schwarze Garnierung bekommen.

„Caris!" riefen wir gleichzeitig. Ich pflückte eilig den Kater heraus und verschwand mit ihm im Badezimmer, Birgit schnappte sich die Schüssel, um nach dem Ausmaß der Katastrophe zu sehen.

Zum Glück hatten die höchstens fünf Sekunden nicht für größere Schäden ausgereicht, und Caris wurde kurz darauf den Freunden mit sauberem Mäulchen und fettfreien Pfoten vorgestellt.

Ich lebte zu der Zeit auf 38 qm, in meiner ersten eigenen Wohnung, mit der einjährigen Katze Míriel zusammen. Uns wurde es darin bald zu eng, Birgit wollte auch umziehen, also planten wir eine WG. Die beiden Katzen verstanden sich prima.

Eines Tages würden wir sie wieder trennen müssen, denn unsere WG war nicht für ewig vorgesehen. Also beschlossen wir, uns je eine Zweitkatze zuzulegen, sodass Caris und Míriel später nicht allein wären.

Ich adoptierte den kleinen Robin, Sohn einer Tierheimkatze, die eine unentdeckte „Überraschung" mit ins neue Zuhause gebracht hatte. Birgit ging ins Tierheim und kam mit Baby Fatima zurück, ein süßes kleines Ding, das ohne Mutter gefunden worden war.

Caris war mittlerweile ein halbes Jahr alt und reagierte nicht sonderlich begeistert, plötzlich eine kleine Schwester zu haben und sein Frauchen mit ihr teilen zu müssen. Er verscheuchte Fatima, wo er konnte.

Wir bekamen allerlei Ratschläge, wie man ihm das abgewöhnen konnte, und einer davon (aus einer Fachzeitschrift) lautete: Die Katze im Augenblick ihres Fehlverhaltens energisch ansprechen und sofort im Badezimmer oder einem ähnlich geeigneten ruhigen Raum einsperren. Fünf Minuten abwarten und dann die Katze wieder rauslassen, ohne sie weiter zu beachten.

Da bisher nichts geholfen hatte, probierten wir es aus. Als Fatima das nächste Mal panisch um eine Ecke flitze, den Schwarzen hinter sich, riefen wir „Caris!" und stoppten die

Verfolgungsjagd. Birgit nahm ihn hoch und trug ihn schimpfend ins Badezimmer. Tür zu, Ruhe.

Nach exakt fünf Minuten, in denen wir wohl zwanzigmal auf die Uhr gesehen und besorgt hinüber zum stillen Bad gelauscht hatten, machte Birgit die Tür wieder auf. Caris stolzierte heraus, man ignorierte sich. Die Methode schien zu funktionieren.

Also machten wir so weiter. Fatimas Geschrei hören, Caris ausbremsen, hochnehmen, ausschimpfen, ins Bad sperren, Zeit abwarten, Caris wieder rauslassen, ruhig bleiben. Unser Timing war perfekt.

Noch war keine Woche vergangen. Wir hatten diese Prozedur inzwischen drei- oder viermal angewendet und sprachen gerade darüber, wie lange es damit weitergehen sollte, als Fatima mit Gekreisch an uns vorbeiraste, verfolgt von einem schwarzen Schatten.

Wir sprangen auf. „Caris"!

Der Kater bremste scharf, schlug einen Haken und rannte in den Flur. Dort setzte er sich vor die Badezimmertür und kniff die Augen zu, in Erwartung seiner Standpredigt.

Er hatte gelernt.

Birgit und ich mussten uns das Lachen hart verkneifen und die Szene wie gewohnt weiterführen, aber danach war es vorbei damit. Irgendwie würden wir schon zurechtkommen, und tatsächlich wurden die Jagden immer seltener.

Caris' Leidenschaft fürs Essen wurde nie weniger. Im Sommer darauf hatten wir einen Grillabend am Baggersee mit den Freunden verabredet, aber an dem Tag schüttete es wie aus Eimern.

Alles war schon eingekauft, also luden wir die Freunde ein: Kommt zu uns, wir benutzen einfach Pfanne und Backofen.

Gesagt, getan. In der kleinen Küche sammelten sich Steaks und Würstchen, im Wohnzimmer wurde die Picknick-Decke auf dem Boden ausgebreitet und mit Geschirr, Trinkbechern und Baguette bestückt.

In einem Moment allgemeiner Geschäftigkeit sah ich mich um, zählte die Anwesenden und fragte alarmiert: „Ist gerade niemand in der Küche?"

Alle hielten inne und sahen in die entsprechende Richtung. Genau da kam Caris durch die Tür, schwer schleppend an einem rohen Steak, das zwischen seinen Vorderbeinen über den Teppichboden schleifte, wie die Miniaturausgabe eines Panthers, der eine erlegte Gazelle wegträgt.

„Caris!" Gleichzeitig fuhren Birgit und ich hoch und versuchten dem Kater das Fleisch abzujagen, das er mit einem gewaltigen Satz in Sicherheit zu bringen versuchte und knurrend verteidigte.

Letztlich musste er es hergeben. Er bekam eine üppige Belohnung zum Ausgleich und war versöhnt. Unsere Freunde nahmen das Ganze mit Humor, das Steak wurde gewaschen und ordentlich durchgebraten.

Eines Abends im Herbst saßen Birgit und ich beim Essen, es gab Frikadellen. Unser Essbereich war klein, ich reichte mit meiner Stuhllehne fast bis an das alte Küchenbuffet hinter mir.

Wir aßen langsam und unterhielten uns. Als ich meine Gabel mit dem Stückchen Frikadelle hochhob, um es endlich zu essen, sah ich aus dem Augenwinkel eine blitzschnelle Bewegung aus dem Schatten hinter mir, und die Gabel war leer.

Mein erster Blick ging nach unten, ob es heruntergefallen war, aber da Birgit sich mühsam das Lachen verbiss und hinter mich deutete, drehte ich mich um. Caris saß mit dem Hinterteil auf dem Buffet, die Vorderpfoten auf meiner Stuhllehne, und leckte sich das Mäulchen.

Konnte ich ihm böse sein? Natürlich nicht. Er war einfach ein Faktor, der bei jeglicher Planung bedacht werden musste. Mein Stuhl rutschte an die andere Seite des Tisches. Etwas unbequem zwar, aber sicherer.

Nach zwei Jahren WG ergab es sich, dass Birgit und ich wieder in eigene Wohnungen zogen, und die Katzen waren jeweils zu zweit und kamen gut damit zurecht. Caris war bald danach einmal als Urlaubsgast bei mir. Er ging selbstbewusst durch die eigentlich fremden Räume und sah sich um, als wollte er sagen: „Ach, hier sind all die Möbel gelandet!" Futterreste in den Näpfen von Míriel und Robin wurden von ihm vertilgt, genau wie früher.

Dieser kleine Kerl hat viel zu meinem Verständnis für Katzen beigetragen, und bis heute sehe ich keine hohe Glasschüssel und keinen Kartoffelsalat, ohne an ihn zu denken.

Ginger's Tagebuch

Silke Schäfer

Ihr wisst, was „Pflegestelle" bedeutet? Nicht nur Übergangsquartier, sondern auch Kuraufenthalt, Therapieurlaub, Resozialisierungsmaßnahme und Karrieresprungbrett.

Dies ist die Geschichte einer Katze, die in einem Mehrkatzenhaushalt von den anderen Miezen gemobbt und darum an die Katzenhilfe Niederrhein abgegeben wurde. Nach einer kurzen Zwischenstation in der Tierklinik zur Kastration zog Ginger vorübergehend bei Silke ein.

DI 14. September

Als ich die Augen aufmache, ist alles pink. Und völlig still. Bin immer noch müde, darum schlafe ich einfach weiter. Irgendwann wird da vorne beim Gitter (aha – ich sitze in einer zugedeckten Transportbox) das Pink ein bisschen weniger, ein Menschengesicht erscheint und spricht zu mir. Die Stimme kenne ich nicht, den Menschen auch nicht. Ich drehe mich weg und schlafe lieber weiter.

Noch eine Weile später steht die Box an einer anderen Stelle, die Tür ist auf, und ich habe freie Sicht auf die fremde Menschenfrau. Sie sitzt da und liest, gelegentlich schaut sie nach mir und erzählt mir was. Daraus erfahre ich, dass sie heute früher von der Arbeit nach Hause gekommen ist, denn sie hat „Rücken". Da haben wir ja fast was gemeinsam. Ich habe heute „Bauch".

Ich bekomme Wasser angeboten. Nö … ich drehe mich weg und schlafe noch ein bisschen.

Noch viel später werde ich doch neugierig. Kann ja nicht ewig in der Box bleiben. Ich gehe langsam raus und prüfe die Lage. Bin ich denn wirklich mit der Frau allein? Gibt es außer mir hier keine anderen Katzen? Dieser Ruhe traue ich nicht. Ich schaue mir vorsichtig alles an und suche mir dann einen zentralen Aussichtspunkt auf dem Sofakissen. Hier werde ich es sofort mitkriegen, wenn noch eine Katze auftaucht.

MI 15. September

In der Nacht bin ich immer mal herumgegangen, die Frau hat geschlafen und nichts davon gemerkt. Jetzt ist sie aufgestanden, ich sitze wieder auf meinem Sofa-Posten. Sie bringt mir ein Schälchen mit Frühstück – da merke ich erst, wie hungrig ich bin. Zu einer größeren Portion lockt sie mich in die Küche. Stimmt, hier steht ja auch das Trinkwasser.

Und hier sind wirklich keine anderen Katzen? Ich kann's kaum glauben. Immer wieder schaue ich, ob nicht doch ein paar spitze Ohren um die Ecke kommen.

Für ein paar Streicheleinheiten ist noch Zeit, dann muss die Frau zur Arbeit weg. Sie sagt, sie würde jetzt viel lieber mit mir auf dem Sofa bleiben. Ja, das hätte ich auch gern, ich mag ihr Krabbeln. Aber nachher ist sie ja wieder da, und dann machen wir weiter.

FR 17. September

Jetzt bin ich schon drei Tage hier, und ich habe tatsächlich die ganze Wohnung, alles Futter und die Menschenfrau für mich allein. Das finde ich echt toll. Sie ist zwar nicht immer zuhause, aber dann rolle ich mich gemütlich ein und schlafe solange. Am Abend sitzen wir zusammen auf dem großen

Sofa, sie schaut auf so ein Bild, wo sich alles drin bewegt, und ich liege direkt neben ihr oder sogar auf ihr drauf. Meinem Bauch geht es schon wieder so gut, dass die Frau ihn auch krabbeln darf. Das ist so entspannend, dass ich darüber auch schon mal eingeschlafen bin.

SA 18. September

Heute muss die Frau nicht zur Arbeit, also habe ich schön viel Gesellschaft. Was sie noch nicht kapiert hat: Ich sitze nicht so gern allein an meinem Futternapf. Also muss ich sie immer wieder in die Küche locken, damit sie mir dort Gesellschaft leistet. Ich nehme ja immer nur ein paar Happen, soviel Zeit muss sie mir schon gönnen.

Vorhin waren wir wieder auf dem Sofa und haben auf das Bild geschaut, und plötzlich waren da Katzen. Hmmm, sollte ich mich so geirrt haben? Bin gerade noch mal hingegangen, und jetzt ist das Bild ganz dunkel, keine Spur von Katzen. Ist mir auch lieber so.

Die einzigen anderen Tiere, die ich hier angetroffen habe, sind Spinnen. Nicht so große in gläsernen Kästen, wie das in der anderen Wohnung war. Die hier leben frei, sitzen oben in den Ecken und wollen bloß ein paar kleine Fliegen fangen und ansonsten in Ruhe gelassen werden.

MO 20. September

Einen Versuch war es wert: Mir wurde immer wieder angeboten, dass ich nachts auch mit im großen Bett schlafen darf, also habe ich das jetzt mal getan. Da ist es auch ein bisschen wärmer, und vielleicht mache ich das jetzt immer so.

Heute ist die Frau wieder zur Arbeit weggegangen, also mache ich es mir allein gemütlich und schlafe weiter. Wenn sie später zurückkommt, gibt es Essen. Und danach spielen wir ein bisschen. Und danach kuscheln wir uns wieder auf das große Sofa und gucken auf das bewegliche Bild.

So gefällt mir das.

FR 24. September

Heute spricht die Frau lange mit einem anderen Menschen, den ich nicht sehen kann. Dazu benutzt sie dieses Ding, das manchmal so laut klingelt. Kein angenehmes Geräusch für meine empfindlichen Ohren. Menschen hören offenbar nicht gut.

In diesem Gespräch wird mehrmals mein Name genannt. Sie erzählt einem anderen Menschen von mir. Ich bin wichtig, das macht mich ganz stolz.

SO 26. September

Diese lauten Dinger, mit denen man Krümel vom Boden saugt, finde ich doof, aber sie gehören zum Leben dazu. Wenn die Frau eine Weile mit diesem Gerät hantiert hat, ist sie danach sehr entspannt und zufrieden. Dann ist Zeit für eine Kuschelrunde.

Irgendwann klingelt es an der Tür, und eine andere Frau kommt zu Besuch. Die lächelt mich an und spricht ganz sanft mit mir, ich mag sie sofort. Die beiden Menschen setzen sich auf das Sofa und trinken Kaffee (ist überhaupt nicht mein Geschmack) und reden über mich, ich höre öfters meinen Namen. Ich lege mich zwischen sie, und immer ist eine Hand zum Streicheln frei.

Die andere Frau fordert mich zu einer Spielrunde auf, das ist toll und macht richtig Spaß. Dann trinkt sie ihren Kaffee aus und verabschiedet sich.

Am Abend vor dem Schlafengehen höre ich dann, dass diese Frau gern mit mir zusammenleben möchte und dass sie sich jetzt um all die Sachen kümmert, die ich gerne mag.

FR 1. Oktober

Ich spüre die Aufregung. Als die Frau von der Arbeit kommt, ist alles erst wie immer, aber dann läuft sie herum und sammelt Dinge ein. Auf dem Tisch steht die Transportbox, das pinkfarbene Handtuch erkenne ich auch wieder.

Ich muss nicht lange warten, dann kann ich durch das Gitter einen ersten Blick auf die neue Wohnung werfen. Hell ist es hier, viel Licht kommt durch die großen Fenster, und da steht ein Kratzbaum. Extra für mich!

Die andere Frau ist da, sie freut sich offenbar, mich zu sehen. Ich steige aus und überlasse die Menschen sich selbst. Vom Kratzbaum aus hat man einen fantastischen Blick nach draußen – da ist eine Wiese, da sind Bäume, Vögel, Kaninchen … hier werde ich immer etwas zu beobachten haben.

Und hier steht ein Sofa mit vielen Kissen, so ein Ding für bewegliche Bilder gibt es auch. Die Küche wird mir gezeigt, da stehen Näpfe für mich bereit. Und in einem der anderen Zimmer eine Sandkiste, wie es sich gehört.

So gefällt mir das. Hier bleibe ich gerne.

140

Klein-Anton im Schrebergarten

Text und Musik: Annerose Scheidig

Ich lie - ge auf der Dec - ke und möch - te et-was Ruh, Da seh ich ei - ne Schnec - ke, die schneckt zu mei - nem Schuh. Und hin - ter ihr noch ei - ne, als kann sie nichts al - lei — ne. Ich schau den bei - den zu. Ich schau den bei - den zu. Ich schau den bei - den zu. Ich schau den bei - den zu.

141

Ich liege auf der Decke und möchte etwas Ruh,

da seh ich eine Schnecke, die schneckt zu meinem Schuh.

Und hinter ihr noch eine, als kann sie's nicht alleine.

Ich schau den beiden zu. Ich schau den beiden zu.

Die Mama bringt das Essen und stellt es auf den Tisch.

Da kommt gleich eine Fliege, die fliegt auf meinen Fisch.

Und hinter ihr noch eine, als mag sie nichts alleine,

vom Fisch auf unsrem Tisch, vom Fisch auf unsrem Tisch.

Heut darf ein Eis ich schlecken, es schmeckt so wunderbar.

Gelockt sind bald die Wespen, sie woll'n es ganz und gar.

Ich darf mich nicht bewegen, verhalte mich verwegen ...

Sie fliegen sonst ins Haar. Sie fliegen sonst ins Haar.

Ich liebe Blumenbeete und höre wie es brummt.

In der Gewächstrompete, die Biene tanzt und summt.

Da plötzlich kommt noch eine, klingt schöner als alleine,

es brummt, es tanzt, es summt. Es brummt, es tanzt, es summt.

Dann husch ich zu den Hecken und wundre mich gar sehr.

Dort kann ich nichts verstecken in dem Gardinenmeer –

gewebt von vielen Spinnen, dem kann nichts mehr entrinnen.

Sie spinnen immer mehr. Sie spinnen immer mehr.

Ich eile zu den Steinen, bleib dort begeistert stehn.

Vergesse jetzt zu reimen: Das hab' ich nie gesehn!

Ein Haufen von Ameisen, sie packen zum Verreisen.

Wohin soll es wohl gehn? Wohin soll es wohl gehn?

Und wie ich steh und staune, schleicht was von hinten zu,

verändert meine Laune, raubt mir die Ruh im Nu.

Die Helma, Nachbars Katze, kratzt mich mit ihrer Tatze,

will spielen immerzu, will spielen immerzu.

Sie macht mir Spaß, ich lache: „Wo kommst du wieder her?"

Ich liebe ihre Augen und auch ihr Näschen sehr.

Ach hätt ich doch so eine, für mich zu Haus, alleine.

Ich liebe Katzen sehr! Ich liebe Katzen sehr!

Ich würde gern versuchen, das für euch nachzusingen, aber meine Stimme ist heute etwas kratzig. Vielleicht spielt jemand von euch ein Instrument und versucht es mal damit?

Kleiner Bergkamerad

Renate Schiansky

Der Aufstieg auf den Fibling war gut in einem halben Tag zu bewältigen. Mein Schwiegervater Ludwig, ein passionierter Bergsteiger, ging die Tour aber trotzdem gerne, denn von oben hatte man eine wunderbare Aussicht auf den Fuschlsee und den gegenüberliegenden Schober. Er stieg von Fuschl auf zum Fiblingsee, dann steil hoch, über den Grat und weiter zum Gipfel. Oben machte er es sich gerne auf der Bank unter dem Gipfelkreuz bequem, kramte eine Wurstsemmel und die Wasserflasche hervor, stellte seinen alten Rucksack unter der Bank ab und hielt Brotzeit.

Versunken in die Betrachtung des tiefblauen Sees unter ihm und der Berge am Horizont war ihm eines Tages plötzlich, als höre er ein leises Maunzen. Er wandte den Kopf, doch außer ihm war nichts und niemand am Berg. Ludwig runzelte die Stirn, brummte ein langgezogenes "hmmmm" und fuhr in seinem frugalen Mahl fort.

„Miau", machte es wieder, ganz leise, ganz in seiner Nähe.

Ludwig seufzte, löste seinen Blick von dem großartigen Panorama und richtete ihn nach unten; er schaute vor sich und hinter sich, neben sich und rundherum, sogar unter der Bank sah er nach, doch da war nichts als grünes Gras und ein paar Steine. Ludwig schüttelte den Kopf, zweifelte kurz an seinem Verstand – auf gerade mal 1.300 Metern richtete die Höhenluft seines Wissens nach noch keine Schäden an – zuckte dann die Achseln und packte die letzten Bissen seiner Brotzeit wieder ins Papier. Es war ohnehin Zeit, sich an den Abstieg zu machen. Er schraubte die Wasserflasche zu, griff nach seinem

144

Rucksack – und stutzte. Wieso war der Rucksack plötzlich so schwer?

„Miau!" tönte es da ganz laut, und Ludwig traute seinen Augen nicht: aus dem Rucksack starrten ihn die bernsteinfarbenen Augen eines kleinen, schwarz-weißen Kätzchens vorwurfsvoll an.

„Wo um alles in der Welt kommst du denn her?" fragte Ludwig.

Die Katze schob ihre Vorderpfoten aus dem Rucksack und streckte sich ausgiebig.

„Suchst was zu fressen, wie?" fragte Ludwig, packte die letzten Krümel seiner Brotzeit wieder aus und hielt sie der Katze hin. Die leckte sich erst das Mäulchen, schnupperte dann ausgiebig an dem dargebotenen Futter, pickte sich die Wurst aus dem Brot und verspeiste sie genüsslich.

Ludwig lachte, packte Brotkrümel und Papier in seinen Rucksack und machte sich auf den Weg zurück ins Tal.

„Miau", sagte die Katze, sprang von der Bank und lief neben dem Bergsteiger her, über den Grat und weiter, bis hinunter zum Fiblingsee.

„Haben sie dich ausgesetzt?" fragte Ludwig. „Oder bist du ausgerissen? Jemandem abhanden gekommen? Vergessen worden?"

„Miau", antwortete die Katze.

Ludwig zuckte die Achseln.

Ein Forstarbeiter im Jeep kletterte im Schritttempo den steilen Hang herauf und hob die Hand zum Gruß.

„Gehört Ihnen die Katze?" rief Ludwig ihm zu.

Der Forstarbeiter schüttelte den Kopf, doch das Kätzchen sprang mit einem schnellen Satz in den Jeep und machte es sich auf dem Beifahrersitz gemütlich. „Aber für eine mehr ist immer noch Platz", lachte der Fahrer und lenkte den Wagen weiter bergan. Ludwig winkte ihm und der Katze noch kurz hinterher, dann setzte er seinen Weg ins Tal fort.

Irgendwann würde er wohl seinen Enkelkindern von seinem kleinen maunzenden Bergkameraden erzählen.

Winternacht

Sonja Schirdewan

Es war in einer Winternacht,
mein Herz von Trauer schwer,
da zog bei mir die Hoffnung ein.

Nachdem ich meine fünfjährige dreifarbige Katze Faye gehen lassen musste und ihre rote Tigerschwester Xanthi natürlich nicht allein zurückbleiben konnte, zog der kleine schwarze Kater aus dem Tierheim ein. Es war ein kalter, dunkler Januartag – ein Freitag, damit ich zumindest übers Wochenende ein wachsames Auge auf ihn haben konnte. Das war aber gar nicht so einfach, ich quartierte ihn zunächst im 'Büro' ein, damit er in Ruhe ankommen und den Schock des Umzugs verarbeiten konnte. Die Transportbox stellte ich offen in den vorbereiteten Raum und zog mich dann zurück, um ihn nicht noch weiter zu verängstigen. Er war nämlich als Fundtier über den Tiernotruf Bocholt e.V. mit einem gebrochenen Hinterbeinchen zum Tierheim Bocholt gekommen und kannte daher keinen anderen menschlichen Kontakt, außer den medizinischen Untersuchungen und Behandlungen wie festgehalten und gepiekt zu werden und so weiter.

Na, jedenfalls habe ich den Abend dann mit Xanthi zusammen vor dem Fernseher auf der Couch verbracht. Es lief *Die Frau in Schwarz*, und ich dachte mir: „Ein Gruselfilm mit Harry Potter, wie schlimm kann das schon werden?"

Ja, so dachte ich, aber ... meine Güte, war der Film spannend! Genau wie ich das mag – ohne große Schockmomente, eher eine ständig andauernde Spannung – mal mehr, mal weniger. Eine grundsätzlich düstere Atmosphäre, im Hintergrund bewegt sich etwas ... viel mehr eigentlich nicht, und dann auch noch – Spoiler – kein Happy End! Ich habe mir fast die Fingernägel abgekaut und mich oft genug unter der Decke versteckt bis zur Erleichterung am Ende eines jeden guten Grusel-Films. Puuuuhhh…

Fernseher ausschalten, Schlafenszeit – jetzt noch eben Zähnchen putzen und auf dem Weg ins Schlafzimmer einen Blick ins Büro riskieren, gucken wie es dem Kleinen geht …

Den Film immer noch in den Knochen, mit flatternden Nerven und bangen Herzens, ging ich den Flur entlang, Schritt für Schritt auf die Glastür am Ende des Korridors zu. Langsam beugte ich mich vor, legte die Stirn an das kühle Glas, spähte ins Dunkel. Nichts zu sehen. Angestrengt starrte ich in den Raum, mein Herz pochte immer noch angsterfüllt. Kein Anzeichen von Leben zu sehen … na ja, schwarzer Kater in schwarzem Raum … auch durch konzentriertes Spähen konnte ich ihn nicht entdecken. Dann plötzlich – ein Paar leuchtender Augen erfasste mich, ein dämonischer Blick hielt mich gefangen. Sie fokussierten mich direkt vom Kratzbaum aus und ließen mich nicht mehr los, bewegungsunfähig stand ich an der Tür – AAHH!!! Das war zu viel für meine angespannten Nerven. Meine Güte, bin ich zusammengefahren, hatte schon gar nicht mehr damit gerechnet, den Kleinen zu sehen und dann leuchteten mich da zwei Augen aus dem Nichts an, ganz schön spooky … So ein Schrecken kurz vor dem Schlafengehen … hatte ganz fein Herzklopfen, aber zumindest war ich beruhigt, dass der Kater es sich ein wenig gemütlich gemacht hatte!

Während der nächsten zwei Wochen sah ich immer nur einen kleinen schwarzen Schatten, der sich unter den Möbeln verbarg, doch als er sich irgendwann traute, die Wohnung zu erkunden, entwickelte er sich ganz schnell zu einem absoluten Kuschelkater. Sein Name Shadow passt so oder so, denn anfangs war er nur ein kleiner Schatten, und jetzt habe ich einen kleinen Schatten ... überall, wo ich in der Wohnung hin gehe, juckelt er mir hinterher ... auch wenn der Anfang holprig war und voller Schrecken – ich würde Shadow nie wieder hergeben!

Abrakadabra, dreimal schwarzer Kater – warum bloß haben die Leute Angst vor schwarzen Katzen?

Versteh' ich überhaupt nicht. Wir sind doch auch süß, kuschelig und putzig. Und nachts sind sowieso alle Katzen grau, heißt es.

Schwarz ist elegant, passt zu allen Gelegenheiten und macht immer eine gute Figur. Der ideale Hintergrund für eine schöne Augenfarbe. Welche Frau braucht schon ein Kleines Schwarzes im Kleiderschrank, wenn sie ein kleines schwarzes Kätzchen in ihrem Heim haben kann.

Jerry, der Blumenkasten und ein Schreck am Morgen

Manuela Semrau

Jerry war ein roter Maine Coon Kater, der bis vor einem halben Jahr meinen Heimatort Wachtberg unsicher gemacht hat.

Er war eine imposante Erscheinung mit wachen Augen, dickem Fellkragen und mit einem Kampfgewicht von ungefähr achteinhalb Kilo (so hat der Nachbar zu mir jedenfalls damals gesagt).

Da Jerry sich von Anfang an sehr gut mit mir verstanden hat und auch sehr gerne bei uns an der Tür mal um Leckerli bettelte, hat uns der Nachbar direkt damals mal eine kleine Tüte seiner Lieblingsleckerchen rübergegeben. Damit Jerry, wenn er schon fremd frisst, dann wenigstens die eigenen Leckerlis futtert, weil er ein Leberleiden hatte und er nur bestimmte Dinge fressen durfte.

Jerry saß immer auf der Fußmatte, pünktlich wie ein Wecker. Jeden Morgen exakt um 6:58 Uhr saß er auf der Fußmatte und wartete auf sein Morgenleckerli, ein paar Streicheleinheiten inklusive Bauch kraulen, und dann ging der gute Junge auf Trebe.

Eines Morgens im Winter war draußen alles weiß, denn in der Nacht hatte es geschneit, und auch meine Fußmatte war vom Schnee durchnässt. Leider war kein Jerry zu sehen.

Ich dachte bei mir, dass er halt bei dem Scheißwetter lieber zu Hause geblieben war.

Ich ging also halb verschlafen in die Küche und machte nur die kleine Lampe an der Dunstabzugshaube an – und erstarrte!

Durch das Küchenfenster schauten mich zwei große, gelbe, leuchtende Augen an, genau wie aus dem Horrorfilm vom Vorabend!

Es hat ungefähr zwanzig Sekunden gedauert, bis mein verschlafenes Ich verstanden hatte, dass sich der große Jerry in den knapp 30 × 20 × 10 cm großen Blumenkasten gequetscht hatte, um nicht auf der verschneiten Fußmatte sitzen zu müssen!

Anscheinend hatte er sich vorgenommen, so lange durch die Scheibe hinein zu starren, bis ich ihn bemerken und ihm sein Leckerli geben würde, denn als ich die Haustür öffnete, war er wie der Blitz aus dem Blumenkasten heraus in unserem Flur, setzte sich auf die Schmutzstoppermatte und wartete auf sein Geschenk.

Das angeforderte Leckerli bekam er natürlich prompt, inklusive der Streicheleinheiten, die er dazu gratis immer bekam.

Jerry hatte sich in diesem Moment wohl spontan umentschieden und wählte von da an immer den Blumenkasten als Ansitz anstelle der Fußmatte – sodass ich jeden Morgen ein großes, rotbraunes Katzenmuffin als Außendekoration in der Küche hatte. Leider habe ich nie ein Foto davon machen können, da er genau wie alle andern Katzen dazu neigte, beim Anblick einer Kamera sofort zu verschwinden.

Ich habe danach nie wieder bei schlechtem Wetter Filme über Werwölfe geschaut …

Dachrinnen-Tarzan

Manuela Semrau

Tarzan war der Kater einer Tanzfreundin und machte als graugetigerter Klettermaxel seinem Namen alle Ehre. Er ging immer wieder gerne mit seinen Leuten auf die Toilette, und wenn er seine wilden fünf Minuten hatte, nahm er gerne Anlauf und sprang dem auf dem Thron Sitzenden auf den Schoß. Dabei war es ganz unerheblich, ob man Besucher war oder zur Familie gehörte. War aber die Tür mal zu, wenn einer aus seiner Familie im Bad war, gab es ein sehnsuchtsvolles Maunzen vor verschlossener Tür, bis seine Leute wieder erschienen. Oder Tarzan versuchte durch Sprünge und Pfotenhiebe auf die Klinke, die Tür zu öffnen. Nicht selten schaffte er das tatsächlich.

Dieses Bad, in dem unsere Geschichte spielt, lag in einer Dachschräge.

Sein Frauchen kam abends einmal spät nach Hause, nachdem sie mit ein paar Arbeitskolleginnen wild gefeiert hatte. Sie fühlte sich nicht wohl und begab sich direkt von der Haustür zu besagter Toilette und öffnete das Dachfenster, um etwas mehr frische Luft zu bekommen. Nun muss man zur weiteren Erklärung der Geschichte dazu sagen, dass das Klo direkt unter der Dachschräge stand und man bei Benutzung das Dachfenster im Nacken hatte.

Da saß also nun unsere Tanzfreundin auf der Schüssel und wartete darauf, dass sich ihre Innereien wieder beruhigten, als Tarzan freudig Anlauf nahm, um Frauchen zu begrüßen und ihr auf den Schoß zu springen.

Leider hatte er ein bisschen zu viel Schwung drauf. Er sprang geradewegs aus dem Dachfenster mitten in die Dachrinne hinein. Ein lautes Platsch - und Tarzan war nicht mehr zu sehen. Da es draußen in Strömen regnete, fing der Kleine sofort kläglich an zu jammern.

Vergessen waren die Bauchschmerzen. Sein Frauchen nahm sich geistesgegenwärtig ein großes Badetuch vom Wannenrand und warf es über den Kopf zum Fenster hinaus. Der arme, klatschnasse Tarzan ergriff natürlich sofort die Gelegenheit und kletterte daran wieder in die Sicherheit des Badezimmers und seinem Frauchen direkt in die Arme. Nach diesem Schreck ging er zwar weiterhin gern mit ins Badezimmer, aber hat sich nie wieder getraut, jemandem auf dem Klo Sitzenden auf den Schoß zu springen.

Als ich diese Geschichte hörte, fand ich sie einfach nur skurril und witzig. Und dann habe ich mir vorgestellt, wie ich aufs Dach gesprungen wäre, und Leute – das ist ja echt gefährlich! Der arme Kerl hätte abrutschen können ... und nur für den menschlichen Film-Tarzan hätte zufällig noch eine Liane in der Nähe gehangen, um sich damit zu retten.

Immer einen reaktionsschnellen Menschen mit Handtuch in der Nähe zu haben, kann also sehr hilfreich sein.

153

Wohin mit der Katze?

Jochen Stüsser-Simpson

Die gewünschten Kleidungsstücke habe ich alle gefunden und im Koffer, morgen früh werde ich ihn gleich zu ihr ins Krankenhaus bringen. Ob sie ihr kleines Haus noch einmal sehen wird? Aber solche Gedanken sollte ich mir jetzt noch nicht machen, das ist in dieser Situation unpassend. Hier im Wohnzimmer müsste einmal gelüftet werden, ja, auch staubgesaugt. Auf dem alten Fernseher steht ein großformatiges Bild in einem breiten silbernen Rahmen, wohl Aluminium. Sie ist darauf zu sehen – und ihre Katze. Oder: ihre Katze und sie. Beide sind gleichgewichtig ins Bild gerückt, die alte Nachbarin wirkt auf diesem Portraitfoto noch etwas jünger, sie hat Schmuck angelegt, große silberne Ohrringe und eine Art Perlenkette über dem leicht angedeuteten Dekolleté, das von dem großen Katzenkopf weitgehend verdeckt wird, sie hält die Katze wohl im Arm, leicht zurückgelehnt in ihrem alten Ohrensessel, sie wirkt entspannt und zufrieden, genauso wie ihre Katze, die optisch mit ihrem hellroten Fell sehr gut zu ihren dunkelblonden Haaren passt. Die Beiden tun sich gut. So geschmückt und heiter habe ich sie in unserem Dorf sonst nur selten erlebt.

Allerdings – fällt mir wieder ein – hat sie häufiger die Geschichte erzählt, wie sie zu ihrer Katze gekommen war. Vor etlichen Jahren hatte sie Schnurri, wie diese anschließend getauft wurde, laut klagend und miauend am Rande des betonierten Weges gefunden, der von hier aus durch die Felder zur Bundesstraße führt. An der Kurve mit der Ausweichstelle für entgegenkommende Autos wurden immer wieder einmal – und werden auch immer noch – junge Kätzchen ausgesetzt, vor allem wenn der Mais hoch steht und der

Platz aus der Ferne kaum einsichtig ist. Damals hatte sie das kleine Kätzchen gleich in ihren Fahrradkorb genommen, und die beiden waren von Anfang an – so wurde sie nicht müde zu erzählen – ein Herz und eine Seele.

Plötzlich ertönt ein grelles Miau hinter mir, so laut, dass ich unwillkürlich zusammenzucke. Natürlich – die wirkliche Katze muss ja irgendwo sein. Durch die Katzenklappe in der Küche kann sie nach Belieben in den Garten oder zurück. Sie läuft jetzt durch die Küche, miaut und stößt mit der Nase an ein Tischbein. Für sie ist die gewohnte Ordnung natürlich völlig durchbrochen, seit vor zwei Tagen die Nachbarin mit dem Infarkt ins Krankenhaus eingeliefert worden ist. Vielleicht hat sie Hunger. Ich sehe ihren leeren Fressnapf unten neben dem Kühlschrank, oben steht das Trockenfutter. Ich schüttele es ein bisschen, vielleicht ist sie das Geräusch so gewohnt, und fülle es in den Napf. Langsam kommt sie näher, bewegt ihre Schnurrhaare über das Futter – und rührt es nicht an. Langsam geht sie weiter im Kreis durch die Küche. Wenn ich wüsste, wie meine Nachbarin sie gewöhnlich gefüttert hat!

Was mache ich mit der Katze? Soll ich sie sich selbst überlassen, immerhin kann sie sich draußen ihr Futter zusammenfangen und suchen, wir leben hier auf dem Land, es gibt nicht nur die Monokultur von Raps und Mais, rund um den nahen See gibt es Wiesen, Bäume und jede Menge kleiner Tiere wie Ratten, Mäuse usw. Mir fällt ein Gedicht ein, das ich auf einem Literaturfest in der nächsten Ortschaft vor etwa einem Jahr gehört habe, es war aus dem Polnischen übersetzt und wurde von einer Schauspielerin eindrucksvoll vorgetragen: „Sterben – das tut man einer Katze nicht an", kam wie ein Refrain immer wieder bei der Beschreibung einer Katze vor, die durch eine leere Wohnung, ihre Wohnung, streift. Doch halt, von Sterben ist bei uns noch nicht die Rede, ich nehme die Katze am besten mit, zunächst nach Hause, also in das Nachbarhaus zu meiner Familie, und morgen oder übermorgen kann ich sie dann zum Tierheim in die Stadt fahren. Die Leute dort sind Profis und wissen am besten, was für die arme Katze gut ist. In der Ecke, das ist gut, habe ich sogar eine Katzentragetasche gesehen.

Eine Stunde später bei mir zu Hause: Die Kinder spielen in der Wohnküche mit der Katze, die sie vom Ansehen in den Wiesen draußen kennen. Schnurri hier und Schnurri da – sie wird gestreichelt, aber auch ein wenig geneckt. Das straft sie sofort, indem sie hinter dem Herd verschwindet. In kurzer Zeit lernt die Tochter, dass sie es nicht mit dem Hund ihrer Freundin zu tun hat. Und der Sohn fühlt sich gleich erhoben, als Schnurri ihm – anders als der ungestümen Schwester – den Kopf entgegenstreckt. Ihre Gunst ist nicht so leicht zu haben, sie will erarbeitet werden. Und wie strahlen Sohn und Tochter, als sich die Katze streicheln lässt – und sogar schnurrt. Wie süß!

Die Stimmung schlägt um in dem Augenblick, in dem ich erwähne, dass ich Schnurri morgen ins Tierheim bringen will. Wie dumm ist das denn!! Mit einem Mal wird gebettelt, geschimpft – „Du bist doof" – und in Ansätzen argumentiert: „Wir haben so viele Mäuse hier, wir brauchen unbedingt eine Katze!" Von den Mäusen habe ich bisher nichts bemerkt. „Papa, hörst du das denn nicht, wie es nachts immer raschelt? Die werden uns demnächst alle Erdbeeren wegfressen. Und den Salat, den mögen Mama und du ja. Und die Tomaten." Ich weise darauf hin, dass wir bisher im Garten keine Probleme mit Mäusen hatten. Töchterlein wünscht sich plötzlich die Katze zum Geburtstag: „Ich zahle auch das Futter." Der Sohn schlägt vor, es ein halbes Jahr lang auszuprobieren: „Wenn es nicht klappt, gebe ich sie weiter an Georg aus meiner Klasse, dessen alte Katze ist letzte Woche gestorben, der kennt sich aus." Die Tochter bringt Gesundheitliches ins Spiel: „Seit drei

Wochen habe ich immer kalte Knie." Und der Sohn verweist darauf, dass wir überhaupt keine Tiere haben, das Aquarium zählt nicht, auch wenn Fische schon Tiere sind, aber keine richtigen, mit denen man spielen kann, „… und einen Hund haben Mama und du verboten." Ich frage nach dem Reitunterricht der Tochter: „Mein Pferd steht ja auf dem Reiterhof und nicht bei uns im Garten." So geht es bis zum späten Nachmittag, leider ist meine Frau unterwegs zum Einkaufen. Ich spüre meine Widerstandskraft bröseln, leider ist sie endlich.

Als meine Frau am frühen Abend aus der Stadt zurückkehrt, wird sie durch ein fröhliches Miauen begrüßt. Sie freut sich: „Ist das nicht die Schnurri?"

Wir haben eine neue Katze.

157

Die Katze am See

Jochen Stüsser-Simpson

Vorsicht, kleine Katze! Sie verharrt auf schwankendem Grund, unter ihr lebt es, langsam fällt die Schafgarbe zur Seite, ein Duftstoß von knickenden weißroten Blüten. Ein kurzes Innehalten, und das Beben geht weiter, auf bricht die Erde und türmt sich in Schüben nach oben, aus bröckelndem Erdhaufen stößt zwischen Schaufeln schnüffelnd die große Nase. Erschrocken duckt die Katze sich zurück und beginnt zu fauchen. Der Maulwurf wendet langsam seinen flachen Kopf und taucht wieder ab. Der aufgeworfene Hügel fällt in sich ein bisschen zusammen. Vorsichtig riecht die kleine Katze an ihm und kratzt zögernd mit einer Pfote in den Erdkrumen. Sie ist von sich selbst überrascht: Dass sie so fauchen kann! Weiter geht es über die abfallende Wiese, die an der einen Seite von einer Hecke begrenzt wird, bis zu den Sträuchern und hohen Bäumen, zwischen denen das Wasser des Sees in der Sonne blitzt. Über der hohen Wiese fliegt und flattert es; sie erkennt ihren Gelbling wieder, der zwischen blauen und weißen Schmetterlingen zum Ufer segelt. In schleichender Haltung setzt sie ihren Weg fort, die Kräuter und Blumen als Deckung nutzend. Sie verharrt riechend bei den angenehm duftenden weißen Pilzen, weich wie die schleimspurigen Pflanztiere, aber fest verwurzelt in der Wiese und angenehm duftend. Gleich daneben ein anderer eigentümlicher Geruch von weißem Klee, sie schnuppert und hat schon ein Blatt im Mäulchen, da fällt ihr der harte Pfotenschlag der Mutter ein, quer über den Kopf. Sie lässt es also und zieht weiter. Glück gehabt, kleine Katze: Hättest du den Steinklee gefressen, hättest du zuerst Blähungen und dann schlimmere Schmerzen bekommen. Vielleicht wärest du gestorben. Du musst lernen, was für dich giftig ist, und welche Pflanzen du fressen kannst. Für eine so große Wanderung bist du noch sehr jung.

Zur gleichen Zeit läuft die schwarzweiße Katzenmutter unruhig durch die Stallgebäude, in denen sie wohnen. Im alten Schafstall sucht sie zwischen den dort gelagerten Strohballen nach ihrer Tochter. Auf ihr Miauen erhält sie keine Antwort. Im Hauptgebäude klettert sie die Leiter hinauf auf den großen Dachboden voller Heurollen. Hier soll das kleine Kätzchen nicht spielen, weil es viel zu gefährlich ist. Oben im Gebälk unterm Dach sitzt schlafend die große alte Schleiereule, die hier auch wohnt. Wahrscheinlich hat sie etwas damit zu tun, dass zwei Geschwisterchen des kleinen Kätzchens verschwunden sind. Die schwarzweiße Katze läuft schnell den gesamten Boden ab und sieht vor allem in die dunklen Winkel am Rande. Umsonst! Sie springt – oder besser – sie lässt sich von einem großen Trägerbalken tief nach unten auf die hinter dem Traktor gestapelten Strohballen fallen. Durch die Katzenklappe schlüpft sie in den angebauten Schweinekoben, wo sie ein paar Fledermäuse aufscheucht, die dort an der Decke hängen. Doch vergebens, von ihrem Kätzchen keine Spur! Sie eilt durch die Sattelkammer, aber auch da ist keine kleine Katze. Ihre Unruhe steigt so, dass sie die Maus, die ihren Weg quert, gar nicht beachtet. Im Pferdestall ist es ruhig; nur die Hengste stehen dort und dösen, die übrige Herde ist draußen auf den Weiden am Bach oder See. Nur unter der Decke herrscht reger Betrieb. Dort bauen die Schwalben neue Nester, einige haben die alten bezogen und sind schon beim Brüten.

Als es modrig nach Hölzern und Moosen riecht, ist die kleine Katze am Komposthaufen angekommen. Hier wimmelt es von Ohrenkneifern und Kellerasseln, von schwarz und grün glänzenden Käfern, im Schatten klumpen Schleimspurler. Sie knackt einen wohlschmeckenden Schwarzkäfer und lässt eine große weiche Raupe folgen, die fast keine Haare hat.

Eine Ecke des Komposthaufens ist so warm, als würde darunter ein Feuer brennen. Das Kätzchen legt sich auf die abgeschnittenen Zweige und ist sofort eingeschlafen.

Durch die weit geöffneten Türen läuft die Schwarzweiße auf die Koppel, vorbei an dem leeren Reitplatz, über die kleine Dorfstraße hinüber zu den zum Wasser abfallenden Wiesen. Kurz hat sie den schwachen Duft ihrer Tochter in der Nase – und verliert ihn gleich wieder. Ungerührt steht der Storch im Graben, hoch über ihr hallt das Geschrei ziehender Kraniche.

Das kleine gelbe Kätzchen erwacht durch ein Kratzen und Schaben. Eine große braune Wasserratte macht sich im Komposthaufen zu schaffen. Die kleine Katze fährt hoch, die Haare stehen ihr zu Berge – und aus ihrem kleinen Körper ertönt auf einmal ein tiefes gefährliches Knurren, über das sie selbst überrascht und sogar ein bisschen erschreckt ist. Die Ratte hebt den Kopf und zeigt riesige Zähne. Für einen Moment kreuzen sich die Blicke, grün gegen rot; gemächlich dreht sich die Wasserratte um und verschwindet im Heckengesträuch. So einfach ist das also! Langsam, kleine Katze, werde nicht übermütig. Hätte auch anders ausgehen können. Von da, wo die Ratte im Unterholz der Hecke verschwunden ist, ertönt ein schwaches Schnorcheln, das sie sich nicht erklären kann. Weil sie weiß, dass sie über das gefährliche Knurren verfügt, das riesige Wasserratten vertreibt, macht sich die kleine Katze kühn auf den Weg, um die Ursache des Geräusches zu entdecken. Entlang der Hecke wird es lauter. Inmitten von Brennnesseln, die unter einem Holunderbusch stehen, liegt eine grauweiße Stachelkugel, die sich aufpumpt und wieder zusammenfällt. Behutsam steckt die Katze ihre Tatze durch die Brennnesseln, fährt ein wenig die Krallen aus und zupft an den Stacheln. Mit einem Gurgeln entrollt sich das Stacheltier und richtet sich mit blinzelnden Augen auf. Der Igel ist größer als das Kätzchen, das so ein Dornentier noch nie gesehen hat.

Schnell dreht es sich um und springt und läuft schleunigst zum Ufer. Wenig später hat sich der gestörte Igel wieder zur Kugel gerollt.

Sein Schnarchen hört das Kätzchen schon nicht mehr, denn in einer leichten Windbrise rauscht leise das Schilf, und das Wasser plätschert hinter den alten Kopfweiden. Auf einem Stein, der zur Hälfte von Wasser überspült ist, sitzt ein brauner Frosch, der so groß ist, wie es das Kätzchen noch nie gesehen hat. Die dunklen Frösche im Graben am Stall und die grünen auf den Bäumen der Koppel sind viel kleiner. Weshalb hast du so lange Beine? fragt die kleine Katze und ist sich nicht sicher, ob der Frosch sie versteht. Er scheint es nicht recht zu wissen und über die Antwort nachzudenken. Und während er noch überlegt, huscht ein großer dunkler Schatten über Frosch und Katze. Das ist der Reiher, quakt der Frosch und springt mit einem weiten Sprung in den See. Es spritzt ein bisschen – und er ist verschwunden. Jetzt weiß das neugierige Kätzchen, weshalb der Frosch so lange Beine hat. Über den Rand eines an Land liegenden Kanus balanciert die kleine Katze und hüpft dann auf den alten Holzsteg, der knapp über dem Wasser und ein ganzes Stück durch das Schilf in den See hinausführt. Jetzt ist es fast windstill und die Wasseroberfläche ganz glatt. Das mit Bäumen bestandene gegenüber liegende Ufer ist gut zu sehen, bei den beiden anderen Richtungen ist das jeweilige Ende des Sees nicht abzusehen, er verliert sich hinter Windungen oder im Röhricht. Viele Fliegen und Schmetterlinge sind über dem Schilf und dem Wasser unterwegs. Auch ihr schöner Gelbling fliegt weit hinaus auf das Wasser, bis die kleine Katze ihn nicht mehr sieht. In der Ferne schwimmen Gänse und zwei große weiße Schwäne auf dem Wasser; sie ist erstaunt, dass sie schwimmen können. Die Schwalben jagen dicht über die Wasseroberfläche und stoßen immer wieder mit ihren Schnäbeln ins Wasser, um kleine Tiere aufzusammeln. Sie ritzen die glatte Wasserfläche auf, hinterlassen Furchen auf der Oberfläche, die sich nach kurzer Zeit wieder glättet. Über und im Schilf sirren wie blaue und grüne Blitze die Libellen, einige mit verknüpften Körpern. Die kleine Katze beugt sich vom Steg über das Wasser und beobachtet die flinken Wasserläufer, die direkt unter ihr hin und her jagen. Und auf einmal sieht sie im Wasser eine Katze. Die kleine Katze legt ihren gelb-weißen Kopf zur Seite – und die Katze im See tut das auch. Die Katze im Wasser stellt die Ohren auf und blickt intensiv aus dem Wasser nach oben zu der kleinen Katze. Verschreckt faucht die kleine Katze und zeigt ihre Zähne, aber die Wasserkatze ist so ungeheuer schnell, dass sie im selben Augenblick auch faucht. Der kleinen Katze wird ganz unheimlich und sie weicht ein bisschen zurück. Doch dann sammelt sie ihren ganzen Mut, fährt die Krallen ihrer rechten Pfote aus und schlägt damit nach der Wasserkatze; noch während des Schlages hat sie gesehen, dass die Wasserkatze auch nach ihr ausholt. Doch sie schlägt nur in Wasser, dass es spritzt. Da ist keine andere Tatze und keinerlei Widerstand. Die Katze im See muss sehr schnell und sehr geschmeidig sein, wenn sie solchen Schlägen ausweichen kann.

Es frischt auf, die Schilfhalme biegen sich, die Wasseroberfläche wird gesichelt, und plötzlich verzerrt sich das Katzengesicht, es dehnt sich in die Länge, zerreißt – und es gibt zwei Katzengesichter nebeneinander im See. Das hält die kleine Katze nicht aus, sie weicht zurück und dreht sich zur anderen Seite des Stegs. Warum sind die beiden Katzen in den See gegangen und was wollen sie dort? Auf der anderen Seite sieht sie im Wasser eine schnelle Bewegung; sie kann überall auf den Grund sehen, nur zwischen zwei Stegbohlen gibt es eine kleine Schlammwolke, die langsam vom Steg weg in das dichte Schilf nebenan zieht. Plötzlich löst sich aus der Wolke ein Schatten, ein sehr großer Fisch dreht langsam zurück zum Steg und lässt sich zur Oberfläche treiben. Die kleine Katze bleibt regungslos sitzen, als sich das riesige Maul langsam auf sie zuschiebt. Sie sieht die Zähne darin: scharf, sehr spitz und nach hinten gebogen. Der sucht was zu fressen, denkt die kleine Katze, und sehr langsam gleitet der gelblich braune Hecht auf sie zu, sie sieht genau in die schwarzen unbeweglichen Augen. Dann scheint er leichtere Beute im Wasser wahrzunehmen, er lässt sich zurücksinken und wendet sich ab. Die kleine gelbe Katze ist nun sehr froh, dass sie eine Landkatze ist und nicht im Wasser wohnt. Als jetzt die Gefahr vorbei ist, merkt die kleine Katze, wie anstrengend ihr abenteuerliches Leben ist. Sie rollt sich zur Seite in die Mitte des Steges und bleibt dort liegen, um erst einmal ein bisschen auszuruhen.

Auf dem gepflasterten Stück des Weges begegnet die schwarzweiße Katzenmutter dem Dorfdackel. Er bleibt mit gefletschten Zähnen knurrend stehen. Sie macht einen riesigen Buckel und schreitet langsam an ihm vorbei, als wäre er nicht vorhanden. Als sie auf seiner Höhe ist, verstummt das Knurren, und der Dackel dreht sich um, als wolle er Reißaus nehmen. Doch da wendet sich die Schwarzweiße schon zu der hohen bunten Wiese, die in diesem Sommer noch nicht gemäht worden ist. Sie schlängelt sich durch das hohe Gras und sieht von einer lichteren Stelle aus, dass auf dem Steg, wo abends immer der alte Mann mit seiner Pfeife sitzt und angelt, irgendetwas liegt. Geschickt und schnell durchquert sie die Wiese von oben nach unten. Auf dem Steg angekommen erkennt sie ihre schlafende Tochter und stupst sie unsanft mit der Nase an. Noch während das Töchterchen sich gähnend reckt, ist vom See her ein plätscherndes Geräusch zu hören. Mit großer Geschwindigkeit kommt der Fischotter an den Steg geschwommen; Mutter und Tochter weichen zurück, als der Fischotter den Mund öffnet und sagt: @&&§§***++*""##

##////. Fischotter sind schwer zu deuten – und beide Katzen sind froh, auf dem Steg und nicht im Wasser zu sein. Die Katzenmutter fasst ihr Kleines nicht sonderlich sanft am Genick, wedelt dem Otter einen Gruß mit ihrem Schwanz zu, dessen Umfang sie allerdings verdreifacht hat, und verlässt ruhig den Steg landeinwärts. Kurze Zeit später legt sie ihre Ausreißer-Tochter im heimatlichen Stall in ihre Heuhöhle. Das kleine gelbe Kätzchen schläft sofort tief und fest. Das gleichmäßige schnurrende Atmen wird immer wieder durch ruckende Bewegungen unterbrochen, als erlebte es im Traum große Abenteuer.

Der Goldfischjäger

Heike Uebbing

Sparky ist ein hübscher, getigerter EKH-Kater, der auf ungewöhnliche Weise zu uns fand. Dies ist seine Geschichte.

Wir hielten Kaninchen. Eines Tages waren meine damals zwölfjährige Tochter und ich mit einem der Hoppler beim Tierarzt

Im Wartezimmer der Praxis machten wir Bekanntschaft mit einer kleinen Katze an der Leine. Die dazugehörigen Menschen (ebenfalls eine Mutter mit etwa gleichaltriger Tochter) erzählten, dass sie sie an einer viel befahrenen Straße eingesammelt hätten. Die dazugehörige Katzenmutter oder ein Besitzer waren nicht zu finden gewesen, und so haben sie das Kätzchen behalten.

Die beiden Mädchen steckten im Laufe der Wartezeit die Köpfe zusammen, und auch wir Mütter kamen ins Gespräch über dies und das – einfach die Zeit vertreiben!

So weit, so gut. Am nächsten Tag meinte meine Tochter, sie würde „mal ein bisschen Fahrrad fahren". Zu dem Zeitpunkt zählte das eigentlich nicht unbedingt zu ihren Hobbies. Aber nun, ich dachte mir nichts dabei. Drei Stunden später stand sie dann vor Freude strahlend in der Tür: „Mama, guck mal!" Zwei Katzenaugen leuchteten mir entgegen. In unserer kleinen Kaninchen-Transportbox befand sich unser neues Familienmitglied.

Meine Tochter war tatsächlich den weiten Weg gefahren, nach der Beschreibung des Mädchens gestern. Dort angekommen, hatte sie gesucht und gesucht, und letztendlich gefunden! Der Kleine schien wirklich ein Geschwisterchen der

165

Katze aus der Praxis zu sein, sie hat den ganzen mutterlosen Wurf entdeckt, aber leider waren die anderen bereits verstorben. Auch Sparky war sehr krank und dazu eine wahre Flohschleuder – aber er hat es geschafft!

So kamen wir zu unserer ersten Katze (inzwischen sind es vier), die wir natürlich nicht mehr missen möchten!

Im Laufe seines Lebens hat sich unser Katerchen zum Liebling der Nachbarschaft gemausert, mit einigen Ausnahmen natürlich. Katzenhasser gibt es wohl überall. Einer unserer Nachbarn hatte einen kleinen Goldfischteich in seinem Garten. Natürlich liebte der Mann seine Fische. Sparky dagegen liebte es, sie zu jagen!

Meines Wissens hatte er es zwar nie geschafft, einen zu fangen, aber es gibt ja bekanntlich für alles ein erstes Mal.

Eines Tages kamen meine Tochter und ich nach Hause, und auf der Treppe vor unserer Haustür leuchtete es rot. Mir schwante Böses, und richtig, da lag ein Goldfisch. Wir wurden beide sehr hektisch – nur schnell den Fisch beerdigen, bevor unser Nachbar das mitbekommt!

Als wir den Fisch aufhoben, bewegte er sich plötzlich wieder, also schnell einen Eimer mit Wasser geholt und den Fisch hineingesetzt. Nach einer Weile waren wir sicher, dass es ihm gut ging, und wir beschlossen, ihn zurück in den Teich zu bringen. Doch wie sollten wir das schaffen, ohne dass der Nachbar etwas bemerkte?

Wir mutierten also zu ‚Nachbars-Garten-Bespitzlern‘, und bald schon war die Luft rein. Die Kinder gaben Entwarnung, meine Tochter kletterte flugs über das natürlich abgeschlossene Gartentor und nahm den Eimer samt Goldfisch entgegen. Schnell zum Teich geschlichen, das Fischchen in sein Zuhause geschüttet und so schnell es ging zurück geklettert – uff, geschafft! Fisch gerettet – Nachbarschaftsfrieden gesichert!

Nach der Aktion erst mal einen Kakao trinken. Wir saßen gerade am Küchentisch, da klingelte es. Wer stand vor der Tür? Unser Goldfischnachbar! „Hallo Heike, ich wollte nur fragen, ob euer Kater den Fisch gefressen hat? Er hat ihn nämlich aus dem Teich geangelt und auf den Rasen gelegt. Da dachte ich, dann soll er ihn gefälligst auch fressen, damit er nicht umsonst gestorben ist. Ich hab ihn bei euch auf die Treppe gelegt."

Wir erzählten unserem Nachbarn, was wir getan hatten. Er war aber gar nicht böse auf Sparky, denn der hatte ihn von einem Rattenproblem in seinem Gartenhaus befreit. Ab diesem Moment war der Kater bei ihm hoch angesehen und holte sich regelmäßig Streicheleinheiten ab.

Auch die anderen Nachbarn erfuhren von der erfolgreich bekämpften Rattenplage, und seitdem ist Sparky der „King of the Neighbourhood"

167

Möhre und Cassie – Im neuen Heim

Isabell Ugol

Tagebuch Tag 35, Aufzeichnungen von

*C: **Cashew**, vormals Cassius, alias Cassie, Der Cash – schnell und fesch, Gehst-du-wohl-da-runter!*

*M: **Möhre**, alias Möhrchen, Möhrenmann, Das flauschigste Wurzelgemüse, Mr. O'Malley (weil ich so eine Charmegranate bin, wie der rote Kater aus Aristocats, sagt Frauchen. Ich sehe nur besser aus als der.)*

M: Herrlich! Ich beginne den Tag mit einem fröhlichen Lied, damit die Menschen wohlgelaunt aufstehen und uns füttern wollen. Hmmm, das mit dem Wecken ist heute schwieriger, als ich dachte. Habe ich sie etwa in den Schlaf gesungen? Lauter ist bestimmt besser! Außerdem gehe ich besser mal persönlich nachgucken, ob sie noch atmen. Ah, die Frau macht die Augen auf und will mich auch gleich kraulen. Gutes Zeichen! Kurz ankraulen lassen und dann vom Bett runterspringen und Richtung Napf rennen. Knuddeln mit vollem Magen ist besser, also komm schon!

C: Hast du die Menschen geweckt Möhre? Hast du? Du sprichst doch fließend Mensch, sagst du immer. Was dauert denn da so lange? Oh Mann, mir ist so laaaaangweilig, und Hunger habe ich auch. Passiert hier bald mal was? Uh, guck mal, ein Vögelchen! Ach nein, doch nicht. Oh, sie kommt! Wo ist denn der andere Mensch? Liegt der noch? Ach egal. Gibt's Futter? Spielen wir? Was machen wir zuerst? Hey, hier bin ich! Ja, streichel mich, nein, fütter mich, nein, spiel mit mir. JETZT! Es ist schon 6:30 Uhr, wie kann man denn da noch schlafen wollen? FUTTER! Ah endlich.

M: Wir haben doch gerade erst Nachlaufen gespielt, weißt Du noch? Du immer unterm Bett her und ich immer oben über die Menschen drüber.

C: Das ist doch schon eeeewig her!

M: Das war gerade eben, bevor ich sie geweckt habe.

C: Sag ich doch. Was spielen wir nach dem Essen? Ich habe eine geniale Idee …

M: Oh je, Cassies geniale Ideen! Leute, holt die Kinder rein, das endet wieder im Desaster.

C: Nee, pass auf! Du und ich springen vom Sofa aufs Bügelbrett und dann runter in den Karton mit den Klopapierrollen. Oooooder ... ich nage ein Loch rein.

M: Hä? Ins Sofa, ins Bügelbrett in den Karton, in MICH? Was ist los?

C.: In den Karton, du dumme Nuss.

M.: Wer ist hier, bitte schön, nach einer Nuss umbenannt worden?

C.: Egal, bist du dabei?

M.: Karton schreddern? Immer.

C.: Toll! Dann lass uns mal los!

M.: He! Du hast ja gar nicht aufgegessen. Na, dann eben mehr für mich.

C.: OHHH! Möhre, es wird noch besser! Wir werden KLICKERN! Sie macht schon die Schublade auf und holt das Trockenfutter! Oh Mann, ich LIIIIEBE Klickertraining! Pass auf, Frauchen, ich zeige dir alles was ich kann! Aus dem Weg, Möhre! Bühne frei. Guck mal, ich kann hier drauf springen und Sitz machen und durch die Röhre laufen! Soll ich lieber da drauf springen? Mich im Kreis drehen? Oh. Du hast noch gar kein Kommando gegeben? Dafür gibt's kein Leckerchen? Schade. Egal, dann mach was! Ich mach alles, was du willst, aber los!

M.: Boah ... ich weiß echt nicht, was der daran so toll findet. Springt wie ein Äffchen da rum und macht Sitz und gibt High Five und was nicht sonst noch für Albernheiten. Für mich ist das nichts. Vor allem, weil Cassie mich auch gar nicht mitspielen lässt. Ist mir recht. Ich bekomme eh' Leckerchen, wenn ich das will, auch ohne den Firlefanz! Man(n) muss halt wissen, wie man mit den Miezen umgehen muss. Sanftes Um-die-Beine-streichen, sich dann auf ihre Füße fallen lassen und dann – Trommelwirbel – den Flauschebauch präsentieren! Funktioniert immer. Und geknuddelt wird man auch.

C.: Ja, Knuddeln ist schön, mal für eine Minute, aber man muss halt dabei stillhalten, und mir fallen doch immer so tolle Ideen ein, was man alles machen könnte. Guck mal, ich habe mir schon sechs Leckerchen erarbeitet! Frauchen findet das ganz toll und sagt, ich lerne so schnell, dass sie mich nach dem Sommer einschulen lässt! Ich weiß nicht, was das bedeutet, aber sie guckt so stolz. Ich bin ihr Bester!

M.: Ach Quatsch! Du kannst dir da ein Bein ausreißen, die Liebe der Menschen bekommt man durch Schmusen. Lass dir das vom alten Möhre mal gesagt sein.

C.: Oh, es geht weiter! Ja, ich springe auf den Kratzbaum, mache Sitz, High Five! Und wieder runter! Wie, ich soll mich gedulden und aufpassen? Das sollte ich gar nicht machen? Ich bin zu vorschnell und lasse mich leicht ablenken? Häh? Was willst du? Oh, guck mal da, der Spiegel! Wie seh ich denn aus?! Muss putzen. Putzen, putzen, pu... ach so, ich soll da hinrennen, na gut. Und jetzt? Männchen machen, was soll das sein? He Möhre!

M.: Was jetzt.

C.: Guck mal, da kommt auch der andere Mensch. Ich habe eine GENIALE Idee!

M.: (seufz)

C.: Ich mache jetzt den Superstunt, dann müssen sie mich lieben. Ich nehme Anlauf und wetze mit Vollkaracho den Baum rauf, von da aufs Sofa, benutze dich als Sprungbrett an die Deckenleuchte, schwinge damit weiter für einen Sprung an die Blumentreppe und rutsche dann gekonnt runter. TA DAAAA!

M.: NEIN! Das gibt Ärger, Cash, mach es nicht! Das mögen sie sicher nicht. Besonders der Teil mit mir als Sprungbrett gefällt mir gar nicht.

C.: Ach was. Sei doch nicht so eine Spaßbremse! Oder … Hey! Ich weiß, ich beiße mal in diese Zimmerpflanze. Die sieht interessant aus. Mal sehen, wie das schmeckt.

M.: Puh … da bin ich ja nochmal gerade so davongekommen. Hey, warte, will auch an der Pflanze knabbern. Guck mal, man kann die nicht nur essen, man kann die auch ausgraben. Wer weiß, welche Schätze sich dort unten verbergen. Cashew, ich werde der Sache auf den Grund gehen!

C.: Oh, toll, du bist immer so mutig, Möhre! Du hast zuerst die Räume erkundet, dich mutig an die Menschen herangewagt, den Balkon erobert … was wirst du als nächstes entdecken? Du bist mein großes Vorbild, ich liiiieeebe dich ja so. Komm her, ich muss dich putzen, Kumpel!

M.: So ist's recht. Ich hab dich auch lieb. Ich bin so froh, dass wir zusammen sind, hier bei den netten Menschen. Ich habe anfangs die Kater-WG etwas vermisst, und auch die liebe „Katzenmama" Sandra. Aber jetzt ist es genau so schön, da wir die zwei Menschen und all den Platz nur für uns haben. So viel aufregendes Spielzeug, Fenster und interessante Möbel. Ich darf sogar in dem Menschenbett schlafen! Das riecht so gut und ist so schön weich.

C.: Stimmt. Ich schlafe ja am liebsten auf dem Stuhl im Schlafzimmer, der mit dem dicken Pulli drauf. Den habe ich ganz für mich alleine, und einen guten Überblick über das ganze Zimmer hat der auch. Die Kiste mit Frauchens schwarzem Tülldings ist aber auch cool. Ich liiiiieeeebe das schwarze Tülldings! Das knistert so schön. Oh weißt du was? Ich habe eine großartige IDEE!

M.: Lass mich raten: Du beißt da mal rein?

C.: Klaro!

M.: Oh, Mann …

Und so spielen, schmusen, knabbern und graben sich die zwei Teenager jeden Tag tiefer in die Herzen ihrer Menschen. Die zwei Rohdiamanten von der Straße erleben nun, wie schön es ist, Teil einer Familie zu sein, bei der es immer genug im Napf, eine liebevolle Hand zum Streicheln und hundert kuschelige Plätze zum Spielen und Schlafen gibt.

Mit Cashew und Möhre ist jeder Tag ein wunderbares Abenteuer!

Teil 2

Allerlei Kätzisches

Raggis Vorbereitungskurs für Neu-Katzeneltern

Zehn Lektionen

Sandra Brock

Hey lieber Mensch,

du hast vor, Katzen in dein Leben zu lassen?

Herzlichen Glückwunsch, denn das ist die beste Entscheidung deines Lebens!

Deswegen habe ich, der Raggi, als erfahrener Charmeur hier ein paar ganz tolle Tipps für dich, wie du dich super vorbereiten kannst auf die Zeit als erfolgreicher Dosenöffner und Katzenpförtner. Denn schließlich willst du ja für deine Katzen gut in Form sein, oder nicht?

Hier also „Raggis Schnellkurs zum perfekten Katzenmenschen"

1. **Katzenstreu**   Besorge dir etwas Katzenstreu, das bekommst du ganz easy von schon erfahrenem Katzenpersonal. Am besten welches, das schon mal in einem Katzenklo war, dann kannst du dich schon mal an den Duft gewöhnen. Im Zweifelsfall fragst du bei der Katzenhilfe deines Vertrauens nach. Wundere dich aber bitte nicht, wenn du nebenbei auch noch Kätzchen vermittelt bekommst ☺.
Die Krümel verteilst du dann locker im Badezimmer und überall da, wo du planst, ein Katzenklo aufzustellen. Den Bereich der Tür nicht vergessen, damit sich die Krümel gut unter das Türblatt setzen können.
Dann laufe barfuß immer wieder durch die Streukrümel und danach durch die ganze Wohnung.

174

Immer wenn du mit dem Staubsauger unterwegs warst, nimmst du frisches Streu und verteilst es spätestens eine halbe Stunde danach wieder an den wichtigen Stellen.

2. **Gardinen, Tapeten & Co.** Nichts ist schöner als ansprechend drapierte Gardinen und Vorhänge, und es ist soooo einfach, sie katzentypisch aufzuwerten: Nimm eine Nagelschere oder einen anderen spitzen Gegenstand (Profitipp: die schönsten Ergebnisse erzielst du mit einer Filethäkelnadel aus Omas Handarbeitskästchen) und bringe die Stoffbahn leicht auf Spannung. Jetzt steche hinein, dann den spitzen Gegenstand leicht in die Wunschrichtung ziehen. Das Ergebnis wird dich begeistern!
Designtipp: Das gleiche kannst du übrigens hervorragend auch mit Satinbettwäsche und Strumpfhosen machen.
Tapeten mit dem Krallendesign zu verzieren ist auch total easy, das kriegst du am besten mit einer Gabel hin. Ganz einfach mit Schwung in die Tapete rammen und dann in graden Linien ohne Wellenschwung in die Wunschrichtung ziehen – wunderbar!

3. **Katzenhaare** Unverzichtbar sind Katzenhaare, die bekommst du ebenfalls von erfahrenen Katzenbetreuerinnen. Die Haare am besten in loser Reihenfolge auf der Kleidung verteilen. Achte dabei auf Kontrastfarben. Trägst du gern dunkle Töne, frag nach Haaren von weißen und grauen Katzen, und umgekehrt.
Folgender Geheimtipp macht dich voll zum Fashion-Star: Yogahosen und Shirts im fetzigen Krallendesign mit Katzenhaaren sind das Must Have der kommenden Saison und machen dich zum absoluten Hottie!

4. **Mentales Training** Setze dich auf dein Sofa/Sessel/Lieblingsplatz und lege dir ein Stofftier (mit einigen Tüten Mehl auf etwa vier Kilogrammm Gewicht gebracht) auf den Schoß. Bewege dich für die kommenden drei Stunden

175

absolut nicht. Hunger, Durst, den dringenden Impuls aufs WC zu müssen und den Sturm klingelnden Paketboten ignorierst du tapfer.

Lege das Stofftier mitten auf dein Sofa und sprich es immer wieder an. Gewöhne dich an das Gefühl, ignoriert zu werden.

5. **Essen und Trinken** Gib deinem Kaffee zum Eingewöhnen grundsätzlich ein Katzenhaar (siehe Punkt 3) hinzu, das schmeckst du gar nicht, versprochen. Es geht einfach um das Gefühl und den optischen Eindruck.

Platziere das Stofftier (siehe Punkt 4) auf der Arbeitsplatte und halte es mit einer Hand fest. Trainiere so das Kochen und Zubereiten mit einer Hand.

Immer wenn du etwas mit Wurst oder Käse isst, wirf einen kleinen Teil davon auf den Boden. Gewöhne dich dran, du wirst es in Zukunft eh' immer opfern müssen.

6. **Stubenreinheit** Deine Kätzchen sind noch ganz jung, wenn sie bei dir einziehen? Oooooh, dann habe ich einen tollen Tipp für dich:

Verteile kleine Kleckse braunen Pudding und kleine Legosteine in der ganzen Wohnung und tappe dann im Dunkeln barfuß zum WC. Viel Spaß beim Hindernislauf, das macht dich voll sportlich!

7. **Betten und Liegeplätze** Lege das Stofftier (siehe Punkt 4) mitten auf dein Bett und bewege es nicht mehr von der Stelle. Finde eine Schlafposition, in der du dich um das Stofftier drumherum drapierst.

Variationen: a) Lege das Stofftier auf dein Kopfkissen und bewege es nicht. b) Lege dir das Stofftier inklusive der vier Kilogramm Mehl auf Brust oder Bauch und bewege dich nicht.

8. **Schlafphasen** Um dich an die nächtliche Geräuschkulisse zu gewöhnen, kaufe dir zusätzliche vier Wecker und stelle sie jeweils auf diese Uhrzeiten:
3.30 Uhr
3.55 Uhr
4.20 Uhr
4.45 Uhr
Dann verteile sie quer in der Wohnung.
Du kannst auch dein Smartphone entsprechend programmieren, am besten mit dem Klingelton „Kotzende Katze" auch bekannt unter: „Hulp-Hulp-Hulp-Blärg".

9. **Innenausstattung** Wirf ab sofort keine Kartonverpackung mehr weg. Verteile Schuhkartons in der ganzen Wohnung. Frage nicht warum. Tu es einfach.

10. **Freigang** Du hast vor, deinen Katzen später Freigang zu ermöglichen? Großartig, sie werden es dir mit regelmäßigen Geschenken danken!
Mit folgenden einfachen Maßnahmen bekommst du einen kleinen Vorgeschmack auf diese aufregende Zeit. Lege abends Stoffmäuse in deine Schuhe, diese Stoffmäuse aber bitte vorher mit Hackfleisch oder Corned Beef einreiben. Wahlweise kannst du auch ein Stück Geflügelfleisch oder rohe Leber nehmen. Morgens dann mit frischen Socken schwungvoll in die Treter flutschen. Das Erlebnis wird dich begeistern.
Und lass auch etwas Corned Beef drei Tage unter dem Sofa liegen und warte ab, wie sich der Geruch entfaltet. Das Aroma ist einmalig!
Freigänger lieben es übrigens, plärrend vor der Tür zu sitzen. Drinnen oder draußen – egal. Gewöhne dich daran, dass du mindestens dreimal die Tür öffnest und wieder schließt, bevor die Katze sich hindurch begibt. Nimm es nicht persönlich. Vor allem nicht, dass sie wenige Minuten

später wieder vor der anderen Seite der Tür sitzt. Wir Katzen sind einfach nur sehr kreativ in der Planung unserer Termine.

Mit diesem kleinen Vorbereitungsworkshop stimmst du dich auf deine Kätzchen ein und wirst ihr perfekter Mensch werden.

Und sie werden dich lieben dafür.

 *Alle Lektions-Inhalte sind von mir persönlich oder den Mitkatzen meines Haushaltes geprüft, oder ich habe sie mit den Katzen der Nachbarschaft ausgiebig diskutiert. Natürlich übernehmen wir keine Garantie. Anstrengen müsst ihr euch schon selbst.*

178

Wohnungs-Check

Ein Rundgang durch die vier Wände mit den Sinnen einer Katze: Wo sollte was verändert werden, damit der vierbeinige Mitbewohner sicher und bequem darin leben kann?

Lücken Ist der Neuzugang ein Kitten, sollten alle Nischen und Lücken verschlossen werden, wo das Kleine sich hinein- oder hindurchzwängen kann. Das Sprichwort „Neugier tötet die Katze" kommt nicht von ungefähr.

Fenster Entsteht beim Lüften per Kippstellung ein Zwischenraum, durch den die Katze passen könnte, spricht das sehr für einen Kippfensterschutz.

Pflanzen Eine Bestandsaufnahme, ob giftig oder nicht, sollte selbstverständlich sein (siehe auch ab Seite 193). Schädliche Pflanzen bitte unerreichbar stellen, noch besser sie gegen geeignete austauschen.

Aussichtsplätze Manche Katzen liegen gern auf erhöhten Plätzen und/oder sehen gern aus dem Fenster. Ein flaches Kissen hier und da macht Schränke und Fensterbänke zu Beobachtungsposten. Auch der Kratzbaum sollte so stehen, dass von seiner Höhe aus die Katze alles im Blick hat.

Futterplatz Wo steht der Napf gut zugänglich und doch so, dass in Ruhe gefressen werden kann? Und – das ist katzentypisch – das Trinkwasser sollte in einiger Entfernung angeboten werden.

Katzenklo Die Platzierung der Toiletten ist eine wichtige Angelegenheit. Das Stille Örtchen der Katze sollte an einer leicht erreichbaren Stelle stehen, wo sie gleichzeitig ihre Umgebung gut im Blick hat, wenn sie es benutzt.

Außenbereich Soll die Katze später Freigang bekommen, müssen auch die Gefahrenquellen draußen beachtet werden. Gibt es eine Gartenteich, ein Wasserbecken, oder einen Pool? Dann braucht es eine Ausstiegsmöglichkeit (die übrigens auch anderen Kleintieren das Leben rettet). Gleiches gilt für die Regentonne, die sollte fest abgedeckt werden.

Welche giftigen Pflanzen wachsen im Garten? (Pflanzenliste siehe ab Seite 193) Besteht die Möglichkeit zu einer ungiftigen Alternative? Wo nisten Vögel, wo stechende Insekten, und muss eventuell ein Schutz angebracht werden?

Erstausstattung für Katzen

Bevor der Stubentiger einzieht, sollten einige Dinge schon vorhanden sein. Die Kosten für eine Erstausstattung hängen davon ab, ob alles neu gekauft wird oder ob man etwas davon Second Hand in gutem Zustand findet oder gar selbst herstellen kann. Mit 100 bis 200 Euro sollte man schon rechnen, nach oben ist praktisch keine Grenze.

Transportbehältnis Größenmäßig der Katze angemessen, sodass sie darin stehen und sich ohne Mühe umdrehen kann. Die Modelle mit abnehmbaren Deckel sind praktischer als solche, die nur vorn ein Türchen haben, wie zum Beispiel der klassische Weidenkorb.

Futternäpfe Katzen mögen flache Näpfe, in denen ihnen ihre Schnurrhaare nicht im Weg sind. Besonders die kurznasigen Rassen müssen ihre Gesichter fast ins Futter tauchen, um es zu erreichen.

Wassernapf Er sollte gut zu reinigen und standfest sein. Manche Katzen planschen lieber mit den Pfoten darin herum, andere trinken so gut wie nie, trotzdem muss immer frisches Wasser zur Verfügung stehen.

Nass- und Trockenfutter Idealerweise besorgt man die Sorten, welche die Katze schon kennt und gern mag. Eine sofortige Umstellung könnte Stress und Durchfall hervorrufen.

Leckerchen Zur Motivierung und Belohnung zwischendurch und um sich direkt mal beliebt zu machen.

Katzentoiletten Faustregel: Eine Toilette mehr als Katzen vorhanden sind. Für eine einzeln lebende Katze also zwei Toiletten.

Weil sie nämlich ihre unterschiedlichen Geschäfte lieber an unterschiedlichen Stellen verrichtet. Es gibt eine große Auswahl verschiedenster Modelle, sie sollten den Bedürfnissen der Katze angepasst sein. Für Kater zum Beispiel ist ein höherer Rand praktisch. Und Deckel sind häufig nicht beliebt.

Die **Streuschaufel** kauft man direkt mit dazu.

Katzenstreu Für den Anfang sollte es die Sorte Streu sein, die der Katze schon bekannt ist. Experimente mit etwas, das die Katze ablehnt, könnten zu Unsauberkeit führen.

Kratz-Utensilien Für die Krallenpflege unerlässlich, und außerdem im Fall eines ganzen Kratzbaums ein spannender Spiel- und Sportplatz. Es gibt auch Kratzmatten für die Wandmontage oder solche als Eckenschutz, da entscheiden Geschmack und Geldbeutel.

Fellpflege-Set Zieht eine langhaarige Katze ein, sollte eine Bürste da sein sowie ein Kamm, um Verfilzungen vorzubeugen.

Spielzeug Die Klassiker Plüschbällchen und Feder-Angel sind gut, um die Katze in Bewegung zu bringen, vielleicht hat sie ihr Lieblingsspielzeug auch schon im Gepäck.

Kuschelhöhle Eine schüchterne Katze wird sich gern anfangs an einen geschützten Ort zurückziehen, von dem aus sie alles beobachten kann, aus dem man sie aber nicht aktiv herausholt.

Die folgenden Dinge sind nicht zwingend notwendig, aber recht nützlich. Sie können auch später angeschafft werden.

Plastikunterlagen Es gibt sie für den Futterbereich, wo gern mal gekleckert wird, und mit anderer Oberfläche auch für die Toilette, um an den Pfoten haftende Streukrümel aufzufangen.

Trinkbrunnen Das Plätschern ist gut fürs Raumklima und animiert auch trinkfaule Katzen dazu, doch mal einen Schluck zu nehmen. ·

Sammelbehälter Die benutzte Klumpstreu wird geruchssicher in einem Behälter mit Plastiktüte aufbewahrt, bis sie in die Mülltonne entsorgt werden kann.

Krallenzange Besonders ältere Katzen werden nachlässiger, wenn es um Krallenpflege geht. Man hört dann das Klacken auf dem Boden wie bei einem Hund, oder sie bleiben auf Teppichboden (Schlinge) leicht hängen – das ist gefährlich. Dann muss man ihnen helfen und regelmäßig die Spitzen kappen.

Fummelbrett Wenn das übliche Spielzeug langweilig ist oder wenn die Katze andere Beschäftigung sucht, kann sie hiermit spannende Momente erleben. Es gibt ein Riesenangebot von fertigen Modellen, und das Internet ist voll von Beispielen für Selbstgebasteltes.

Catwalk Für sehr aktive Wohnungskatzen bietet sich an, die Vertikale mit in ihren Bewegungsraum einzubeziehen. Mit Wandbrettern, Brücken und Podesten lässt sich für sie ein sportlicher Parcours gestalten, Module gibt es fertig zu kaufen, oder man betätigt sich als Heimwerker.

Katzenklappe, Schutznetz, Drahtgitter Abhängig von der Wohnsituation kann mit diesem Zubehör für weiterer Bewegungsspielraum gesorgt werden. Der Fachhandel bietet ein großes Sortiment an, damit eine Katze auch Frischluft genießen kann.

183

Die folgenden Seiten sind für euch, liebe Schreiber/innen von Tagebuch, Bullet-Journal, Katzenblog und Co.

Da meine Menschenmama sich nicht nur um mich, sondern auch noch um ganz viele weitere Katzen kümmert, aber auch regelmäßig über mich was schreibt, muss sie immer den Überblick behalten.

Vielleicht geht es euch ähnlich – oder ihr wollt euch einfach besser organisieren.

Und wenn ihr später auch mal eine Geschichte über eure Samtpfote schreiben wollt, habt ihr damit schon Notizen, auf die ihr zurückgreifen könnt.

Ihr zieht ein Flaschenbaby auf (so wie ich eins war) oder habt gleich einen ganzen Wurf zu betreuen? Dazu findet ihr die Vorlage für eine Liste, um den Gewichtsfortschritt der Kleinen zu dokumentieren.

Anmerkung: Die Seiten 185 bis 192 dürfen für den privaten Gebrauch kopiert werden.

Katzen-Tagebuch

Eine neue Mieze zieht ein. Ob Katzenbaby, erwachsen oder im Seniorenalter – die ersten Tage und Wochen sind besonders spannend und sehr wichtig. Halte sie fest in diesem Tagebuch!

Einzugsdatum _____

Name _____

☐ Kater   ☐ Katze   kastriert ☐ ja   ☐ nein
(wenn nein, vorgesehen für Datum _____)

Chip/Tattoo Nr. _____ registriert bei _____

Geburtsdatum/Alter _____ Geburtsort _____

Rasse _____ Fellfarbe _____

Besondere Merkmale, Gesundheitszustand _____

_____

Übernommen von (Tierheim, private Vermittlung, zugelaufen, Züchter, anderes)

_____

Vorgeschichte _____

_____

_____

Kennenlernen, erste Kontaktaufnahme _____

_____

Charakterbeschreibung _____

_____

_____

Trage die Entwicklungsfortschritte in diesem Wochenplan ein (mach Kopien, wenn du über mehrere Wochen oder für mehrere Katzen deine Notizen festhalten willst).

Datum	Tag	Nacht
MO		
DI		
MI		
DO		
FR		
SA		
SO		

Vor-dem-Urlaub-Checkliste

Rechtzeitig einkaufen bzw. für Catsitter gut erreichbar bereitstellen/notieren:

☐ Ausreichender Vorrat Futter und Leckerlis

☐ Ausreichender Vorrat Katzenstreu

☐ Näpfe zum Wechseln

☐ Medikamente, wenn nötig   ☐ Eintrag in der Catsitter-Checkliste

☐ Details zur Einnahme und Dosierung   ☐ Eintrag in der Catsitter-Checkliste

☐ Kontaktdaten des Tierarztes   ☐ Eintrag in der Catsitter-Checkliste

☐ Kontaktdaten am Urlaubsort   ☐ Eintrag in der Catsitter-Checkliste

☐ Transportbehältnis und Impfpass, für den Notfall

☐ In der Küche: Spül-Utensilien und Handtücher

☐ Mülltüten, Besen, Kehrschaufel

☐ Küchenrolle und/oder Kosmetiktücher

☐ Pflegezubehör: Kämme, Bürsten, Fellpuder, evtl. Zeckenzange

☐ Medizin-Set mit Pflaster und Salbe gegen Kratzer (für Catsitter)

☐ Spielzeug   ☐ Eintrag in der Catsitter-Checkliste

☐ Freigänger: Details über Ausgangszeiten und Angewohnheiten
     ☐ Eintrag in der Catsitter-Checkliste

☐ Information darüber, wer noch einen Schlüssel zur Wohnung hat

☐ _____

☐ _____

☐ _____

187

Catsitter-Checkliste

Ich bin abwesend vom _____ bis _____

Zu erreichen unter (Rufnummer) _____

Zuständiger Tierarzt _____

(Name, Adresse, Telefon) _____

Betreuung für (Name) _____ ☐ Kater ☐ Katze

Freigänger ☐ nein ☐ ja (Infos zu Ausgangszeiten) _____

_____

Chip/Tattoo Nr. _____ Registriert bei _____

Futtergewohnheiten _____

_____

Erlaubte Leckerlis _____ (wann) _____ (wieviel) _____

Lieblingsspielzeug _____

Braucht Medikament/e für bzw. gegen _____

_____

(was) _____ (wann) _____ (wieviel) _____

(was) _____ (wann) _____ (wieviel) _____

Andere Besonderheiten _____

_____

_____

_____

_____

_____

Catsitter: Hier bitte eintragen

Datum	Uhrzeit	Futter	Spielen	Sonstiges/Notizen/Medikament

Weitere Mitteilungen _____

_____

_____

_____

_____

Die medizinische Seite

Tierarztpraxis/-klinik _____ Datum _____

Grund des Besuchs _____

_____

Untersuchung/Diagnose _____

_____

Medikation _____

_____

Kosten _____

Notiz _____

_____

Tierarztpraxis/-klinik _____ Datum _____

Grund des Besuchs _____

_____

Untersuchung/Diagnose _____

_____

Medikation _____

_____

Kosten _____

Notiz _____

_____

Anekdötchen und schnurrige Erlebnisse

Geschenke-Liste – Was meine Katze mir von draußen alles mitgebracht hat:
☐ Maus ☐ Ratte ☐ Zierfisch ☐ Vogel ☐ andere Katze ☐ Socken ☐ Flöhe
☐ fremdes Spielzeug ☐ Sonstiges: _____

_____

_____

_____

_____

Speisekarte – Welche Futtersorte meine Katze gern mag und welche sie empört ablehnt (= rausgeschmissenes Geld, es nochmal zu versuchen):

_____

_____

_____

_____

Schadensmeldung – Welche optische Umgestaltung meine Katze seit ihrem Einzug bei mir vorgenommen hat: ☐ Gardinen ☐ Tapeten ☐ Polstermöbel
☐ Blumentöpfe ☐ Vasen ☐ Teppiche ☐ Kleidungsstücke ☐ Nachbarshund
☐ Sonstiges: _____

_____

_____

_____

_____

Warum ich meine Katze trotzdem über alles liebe: _____

_____

_____

_____

Katzenbabys – Erstversorgung und Gewichtstabelle

Geburtsdatum _____ Mutter _____ Vater _____

____ m ____ w ☐ Geburt normal ☐ Tierarzt musste helfen ☐ Kaiserschnitt
☐ alle Kitten gesund ☐ Flaschenaufzucht ☐ Sonstiges: _____

Datum   Alter   Namen und Gewichte

Impftermine: Grundimmunisierung _____ Auffrischung _____

Sonstige Notizen: _____

_____

192

Ein Heimdschungel für die Minitiger

Viele der beliebtesten Zimmer- und Gartenpflanzen sind für Haustiere giftig. Doch es gibt auch genug Sorten, die man gefahrlos aufstellen oder einpflanzen kann. Zur Überprüfung und für den Neukauf haben wir diese (unvollständige) A-Z-Liste zusammengestellt. Im Zweifelsfall gilt: Lieber erst genaue Information einholen, denn Vergiftungen sind vermeidbar.

Diese Pflanzen sind schädlich bis hoch giftig

Agave
Akelei
Aloe Vera
Alpenveilchen
Amaryllis
Aralie
Azaleen
Begonie (Schiefblatt)
Berberitze
Birkenfeige (Ficus benjamini)
Blauregen (Wisteria)
Bogenhanf (Sansevieria)
Buchsbaum
Buntwurz
Buschwindröschen
Calla
Chrysanthemen
Clematis
Clivia
Dattelpalme
Dieffenbachie
Dipladenie
Drachenbaum (Dracaena)
Efeu (Hedera)
Efeutute
Eibe
Einblatt (Spathiphyllum)
Eisenhut
Engelstrompete (Datura)
Farn-Arten (nicht alle)
Feldstiefmütterchen

193

Fensterblatt (Monstera)
Fingerhut
Flamingoblume
Flammendes Käthchen (Kalanchoe)
Flieder
Geißblatt
Geranien
Ginster
Goldlack
Goldregen
Gummibaum
Hahnenfuß
Hartriegel
Heckenkirsche (rot)
Herbstzeitlose
Hortensien
Hundepetersilie
Hyazinthen
Jasmin
Kartoffelblume (Solanum)
Kirschlorbeer
Knoblauch
Korallenbeere
Krokus
Kroton (Wunderstrauch)
Lebensbaum (Thuja)
Lein
Liguster
Lilien und Liliengewächse
Lorbeeren
Lupinen
Magnolie
Mahonie
Maiglöckchen
Märzbecher
Mistel
Mohn und Schlafmohn
Nachtschattengewächse (z.B. Tomaten, Kartoffeln, Auberginen)
Narzissen (Osterglocken)
Nelken
Oleander
Orchideen

194

Passionsblume
Palmfarn
Philodendron
Primel
Rainfarn
Riemenblatt
Rhododendron
Rittersporn
Rizinus (Wunderbaum)
Robinie
Schachtelhalm
Schlüsselblume
Schneeball
Schneeglöckchen
Schnittlauch
Stechpalme (Ilex)
Spindelbaum
Strahlenaralie (Schefflera)
Sumpfdotterblume
Tabakpflanze
Trollblume (Butterblume)
Tulpe
Usambaraveilchen
Vanilleblume
Waldmeister
Wandelröschen
Weihnachtsstern (Poinsettie)
Weihnachtskaktus
Wicken
Wolfsmilch und Wolfsmilchgewächse
Wunderstrauch
Yucca-Palme
Zaunrübe
Zwiebeln und Zwiebelgewächse
Zypresse

Als unbedenklich gelten diese Pflanzen:

Baldrian
Frauenhaarfarn
Fuchsie
Geldbaum (Dickblatt)

Grünlilie
Glockenblume (Campanula)
Golliwog (im Zoohandel als Nagerfutter)
Heidekraut
Hornveilchen
Kamelie
Kapuzinerkresse
Katzengamander
Katzengras (Weizengras)
Katzenminze
Kokospalme
Korbmarante (Calathea)
Küchenkräuter (nicht alle)
Lavendel
Margeriten
Rosen
Schönmalve (Abutilon)
Schusterpalme
Schwedischer Efeu (Plectranthus)
Schwertfarn
Sonnenblumen
Stockrose
Zimmerbambus (kein echter Bambus, sondern Ziergras)
Zimmerhibiskus
Zimmertanne
Zyperngras

Die allerbeste Lösung ist natürlich eine von Giftpflanzen freie Wohnung. Und für draußen wäre der sogenannte „gesicherte Freigang" das Nonplusultra, in welchem es ebenfalls nur ungefährliche Pflanzen gibt und aus dem darüberhinaus kein Weg zu Straßen, fremden Kellern oder anderen Katzenrevieren führt. Umgekehrt kommt auch kein vierbeiniger oder geflügelter Störenfried rein. Dies ist auch ideal für Katzen mit körperlichem Handicap, FiV oder solche, die regelmäßige Pflege/Medikamente brauchen.

Der Raggi-Tipp: Wer keine Möglichkeit für einen gesicherten Freilauf hat, kann vielleicht ein kleinere Version davon anbieten.

Gebt im Internet den Suchbegriff *catio* ein und schaut euch die Bilder an. Vom gemütlichen kleinen Sonnen-Freisitz bis zum großen Abenteuerspielplatz ist garantiert für jeden Geschmack und Geldbeutel etwas dabei.

Mit etwas handwerklichem Geschick lässt sich ein Projekt verwirklichen, das eure Katzen glücklich macht und (nicht nur) vor schädlichen Pflanzen schützt.

Ich habe sogar einen kleinen Teich in meinem Herrschaftsgebiet. Schwimmen gehe ich darin natürlich nicht. Zum Beobachten aber eine tolle Sache! Und wenn ich mal Appetit auf Wasser „mit Aroma" habe.

Katzenhypnose

Sandra Brock

Aus der Rubrik „Raggis Alltagstipps für den Umgang mit Zweibeinigen" heute das interessante Thema

Menschenkommunikation – Fütterungsverhalten trainieren

Liebe Mitkatzen, liebe Mitkater,

habt ihr Probleme mit leeren Näpfen? Schafft es euer Personal immer wieder, ausgerechnet die Futtersorte zu servieren, die ihr grade nicht essen wollt? Oder – noch schlimmer – ihr kommt heim von einer anstrengenden Tour, habt Hunger, aber das Personal schläft?!?

Ihr seid nicht allein! Erfahrungsgemäß sind 90% der zweibeinigen Dosenöffner nicht in der Lage, schmackhafte Mahlzeiten in angemessenen Zeiträumen zu servieren. Aktuellen Studien zufolge leiden unzählige Hauskatzen unter Futtersorten mit mangelndem Bukett, zu dünner Sauce oder zu wenig Jelly. Und die Pünktlichkeit lässt stark zu wünschen übrig. Das Just-in-Time-Konzept hat sich bedauerlicherweise in der Fütterung noch nicht durchgesetzt. Da sind Menschen einfach nicht up to date. Es ist ein Skandal! Jawoll!

Hier bedarf es einer verbesserten Kommunikation mit den felllosen Betreuern. Wichtig ist eine klare Zielvereinbarung. Menschenkommunikation – insbesondere die Hypnose – hat sich in vielen Fällen als probates Mittel erwiesen.

Nachstehend findet ihr wertvolle Hinweise, wie ihr schnell und sicher an euer Lieblingsessen kommt. Folgt einfach dieser Anleitung, und ihr werdet sehen: Nie wieder habt ihr Probleme mit leeren Näpfen oder miesem Futter.

Aber Achtung: Diesen Text solltet ihr vor euren Menschen gut verbergen ☺

Los geht's.

1. Passe den richtigen Moment ab. Besonders empfänglich sind Menschen, wenn sie satt sind und es sich auf unserer Couch oder in unserem Bett bequem gemacht haben. Für eine bessere Basis akzeptiere dieses Verhalten einfach. Du platzierst dich als erstes vor oder auf deinem Hauptmenschen (Es funktioniert nur, wenn du dir jeden einzeln vornimmst. Versuche nie, mehrere gleichzeitig zu erziehen!)
2. Nutze die Macht deiner Augen, schau den Menschen mit gaaaaanz großen Kulleraugen seeeeehr intensiv an. Sanftes Schnurren erzeugt noch mehr Aufmerksamkeit.
3. Bleibe standhaft. Lass dich nicht mit einem Leckerchen abspeisen, sondern bestehe auf einem intensiven Blickkontakt. Das geht super, wenn du bei deinem Menschen auf dem Schoß hockst, dann kann er nicht weglaufen. Besser ist es, wenn du dich gar bis zum Brustkorb vorarbeitest. Beste Ergebnisse erzielst du, wenn deine Nase ganz nah an der Menschennase ist.
4. Wenn der Kontakt hergestellt ist, dringe in die Gedanken deines Menschen ein. Das ist ziemlich leicht, denn erschreckenderweise sind Felllose sehr einfach gestrickt. Obacht, sie lassen sich dadurch auch schnell mal ablenken, du musst sie immer wieder einbinden. Und formuliere in leichter Sprache. Wie ich zuvor erwähnte, sind Menschen nicht die hellsten Kerzen auf der Torte.

199

5. Dann beginnst du mit der Beschwörung. (Praxistipp: Du musst vorher genau wissen, was du haben möchtest. Meine Fallstudie bezieht sich auf Thunfisch, es kann aber auch eine andere Sorte Futter deiner Wahl sein, passe es deinen individuellen Bedürfnissen an.)
„Hallo Mensch. Du schaust in meine Augen. Du schaust in meine Augen, du schaust ...

Haaaaallooooo? Schau mir in die Augen, nicht sonstwohin, nur in meine Augen, du schaust in meine Augen, du schaust mir in die Augen und schnurrrrrrrr - jetzt bist du in Trance.

Dir geht es gut, glückliche Tiere umgeben dich und ... ALLE lieben dich und ALLE haben HUNGER!

Immer, wenn ich in Zukunft zweimal schnurre, dann gehst du in die Küche und machst eine Dose Thunfisch auf.

Nein, nicht das schnöde Katzenfutter. Nicht dieses doofe Dosengedöns.

Dose Thunfisch in Saft.

Tufi. Tufi. Tufi.

Zweimal schnurren. Küche. Tufi.

Zweimal schnurren. Küche. Tufi.

Zweimal schnurren. Küche. Tufi.

Drei – zwei – eins – du bist wieder hier! Schnurrrrrrr – schnurrrrrrr ...

Danach dürften sich in der Regel die Probleme mit den Mahlzeiten legen, bei hartnäckigen Fällen muss gegebenenfalls noch mal nachgearbeitet werden. Für den Fall, dass mehrere futterrelevante Personen im Haus sind, empfiehlt es sich, die Prozedur mit jedem einzelnen Menschen zu machen, damit immer gewährleistet ist, dass das richtige Futter zur richtigen Zeit im richtigen Napf landet.

Im Mehrkatzenhaushalt ist es empfehlenswert, einen Sprecher zu wählen, der sich intensiv um die Erziehung der Menschen kümmert. Menschen brauchen eine feste Bezugskatze. Fatal ist es, wenn ihr alle auf einen einzelnen Menschen einredet, damit wird seine Aufnahmefähigkeit schnell überlastet. Es kann zur Fehlreaktion kommen bis hin zum Totalausfall. Dann gibt es Trockenfutter vom Discounter, und das ist ja wohl die Katastrophe schlechthin.

So ihr Lieben, viel Spaß bei der Erziehung eurer Dosenöffner, und lasst es euch gut gehen.

Tschüsschen Küsschen

Euer Raggi

201

Jetzt heißt es: Pinsel und Farben auspacken, Buntstifte anspitzen, Filzstifte bereitlegen, und los geht's mit der künstlerischen Betätigung.

Hier habe ich drei kätzische Ausmalbilder für euch, die könnt ihr kopieren und vergrößern, für einen schönen Wandschmuck. Oder vielleicht lieber verkleinern, als Postkartengruß an liebe Katzenfreund/innen.

203

Katzen dösen gern im sonnigen Fenster, ganz klar. Aber wie ihr im dritten Bild seht, sind wir auch ruck-zuck in Höchstform, wenn es irgendwo raschelt oder wenn es Kartons gibt.

Noch eine Bitte für Weihnachten und ähnliche Gelegenheiten: Lasst das Geschenkband nicht einfach herumliegen und eure Katze nur unter Aufsicht damit spielen. Wenn dann ausgespielt ist, in die Schublade oder in den Müll damit.

Es ist einfach zu gefährlich. Denn es gibt etliche Katzenkumpel, die sich darin übel verwickelt haben oder denen der Tierarzt das Zeug hinterher wieder aus dem Magen holen musste.

Frohes Fest

Ihr organisiert euch gern? Es gibt auch zwei Wochenpläne zum Kopieren und Gestalten, zum Einkleben ins Bullet Journal, für die Schule, für den Haushalt und für noch viele Möglichkeiten mehr.

Mit dem Pünktchenraster könnt ihr euch die Einteilungen so zeichnen, wie sie für euch passend sind. Im Internet findet ihr viele Vorschläge, wie so etwas gestaltet werden kann.

Wochen PLAN

Wochenplan

210

Die Autor/innen

Saskia Bannister wurde 1988 in Rheda geboren und ist heute eine in Braunschweig ansässige Physikerin. Schon zu Schulzeiten schrieb sie Gedichte und Fantasy-Geschichten. Nach jahrelanger Pause entdeckte sie im Jahr 2018 die Leidenschaft fürs Schreiben wieder. Seither wurden einige ihrer Werke, darunter hauptsächlich Lyrik, in diversen Anthologien veröffentlicht. Die in dieser Anthologie vertretene Geschichte „Mäuse-Invasion" beruht auf wahren Begebenheiten mit ihren drei Samtpfoten, von denen leider eine Fellnase bereits die Regenbogenbrücke überqueren musste. Den drei Tigern soll diese Geschichte gewidmet sein. Weitere Informationen zu Saskia Bannisters Werken sind auf ihrer Homepage zu finden: www.saskiabannister.de

Franziska Bauer Geb. 5.1.1951 in Güssing, Studium der Russistik und Anglistik an der Universität Wien, wohnhaft in Großhöflein bei Eisenstadt, Gymnasiallehrerin im Ruhestand, Alphabetisierungstrainerin, Schulbuchautorin, schreibt Lyrik, Essays und Kurzgeschichten, veröffentlicht in Zeitschriften und Anthologien, Mitglied des Wiener Vereins ::kunst:projekte:: und der Schreibinitiative beim Literaturhaus Mattersburg. Zwei Buchveröffentlichungen (siehe unten), Förderpreis der Burgenlandstiftung Theodor Kery 2016 für den kostenlosen Deutschlehrbehelf für Flüchtlinge „Neustart mit Deutsch", Autorin der Alphabetisierungsfibel „Sag, wie geht das Alphabet?", beide erschienen im E.Weber-Verlag Eisenstadt und ausgezeichnet mit dem SPIN-Gütesiegel 2019 des ÖSZ (Österreichisches Sprachen-Kompetenz-Zentrums). 1. Preis beim Essaywettbewerb des Werkkreises Literatur der Arbeitswelt mit dem Essay "Nicht Arbeit, sondern Müßiggang?", der 2019 in der Anthologie "Nachdenken über 4.0" beim Verlag Kulturmaschinen veröffentlicht wurde.

Einzelpublikationen: *Max Mustermann und Lieschen Müller*, heitere Verse, Apollon Tempel Verlag, München, und *Auf des Windes Schwingen*, zweisprachiger deutsch-russischer Lyrikband, Apollon Tempel Verlag, München

www.galeriestudio38.at/Franziska-Bauer
www.youtube.com/channel/UC5pC-XIT48NhDDWbeTSSXxA
www.facebook.com/franziska.bauer.56211
www.apollontempelverlag.com/verlag/autoren/franziska-bauer/
www.amazon.de/Franziska-Bauer/e/B07GQ4RPFF

Eusebius van den Boom ist das Pseudonym und Alter-Ego von Uwe Kurz, Jahrgang 1961. Der selbstständige akademische Sprachtherapeut aus Duisburg veröffentlichte u.a. „Stationen: Ein Lebenslauf"; eine Sammlung von Steampunk-Kurzgeschichten, in der Edition Roter Drache. „Das Duell", ein weiterer Band mit neuen Geschichten ist bereits erschienen, während auch schon Ideen für einen Roman in seinem Kopf herumspuken. Daneben fällt auch immer wieder mal das eine oder andere kleine Gedicht ab.

vdboom@pittoresco.de
www.steampunk-archiv.de
www. bessersprechen.de

Sandra Brock lebt mit Mann (Zitat: „dem besten Ehemann von allen"), zwei Dackeln („Die Spunkse") und einer Gruppe Katzen (zurzeit sechs) in Dinslaken am Niederrhein. Sie leitet die Tanzschule „Bodywave" in Wesel und ist Tanzlehrerin aus Leidenschaft, außerdem begeisterte Gärtnerin und Katzenfan seit ihrer Kindheit.

Im Hause Brock befindet sich im Dachgeschoss die Pflegestelle für die Katzenhilfe Bocholt e.V., über ihre Arbeit berichtet Sandra regelmäßig auf Facebook. Ihr Kater Raggi hat mittlerweile eine große Fangemeinde.

Der Link zum Tanzstudio: www.sahela.de

Nadine Buch 1976 im rheinland-pfälzischen Idar-Oberstein geboren, entdeckte sie auf dem Weg zum Fachabitur ihre Liebe zum Schreiben. Bisher hat sie Kurzgeschichten bei verschiedenen Verlagen veröffentlicht sowie als Co-Autorin an einem literarischen Adventskalender für

Kinder mitgewirkt. Des Weiteren arbeitet sie als eine von mehreren Autoren an einer Buchreihe für Kinder ab zehn Jahren. Nadine Buch, die seit einigen Jahren Mitglied bei der Autorengruppe Nahe ist, wurde zu einem der Preisträger des Lotto-Kunstpreises 2017 gekürt. Sie ist in einer Tierarztpraxis angestellt und entwirft regelmäßig neue Ideen in den Genres Thriller und Grusel. Bei ihrem letzten Projekt, einer Anthologie düsterer Geschichten, hat sie als Mitherausgeberin fungiert.

Anke Elsner Münster, verheiratet, zwei Söhne; Abitur 1975, Studium der Germanistik, Soziologie und Publizistik an der WWU Münster; MA 1985; zweijähriger Forschungsauftrag Stadtarchiv Bocholt; Familienzeit; ab 2002 Dozentin für „Deutsch als Fremdsprache" an der VHS Münster; seit 2013 Autorin; Nominierungen in (Kurzkrimi-)Wettbewerben; 1. Preise bei Literaturwettbewerben, u.a. Gewinnerin der „Mölltaler Schreibader"(Heiligenblut, 2019); über 30 Publikationen in Deutschland, Österreich und der Schweiz; Lesungen und Auftritte u. a. als Mitglied der Gruppe „AG Sargnagel"; eigene Kurzkrimi-Anthologie „Doppelkopp" (Brighton-Verlag, 2016).
kriminalgeschichten@arcor.de
ankeelsner.wordpress.com

Kristin Fieseler hat ihre Katzengeschichte dem treuesten aller Kater, nämlich "Karlchen" gewidmet, der schon seit drei Jahren im Katzenhimmel weilt. Zurzeit leben die Katzendamen "Paulinchen" (5) und "Luna" (10) in ihrem fünfköpfigen Haushalt. Bisher hat sie 13 Kurzgeschichten (seit 2012) veröffentlicht. Ihr Brötchenjob heißt Technische Redakteurin, aber sie hat auch ein Zertifikat zur Drehbuchautorin. Sie schreibt seit 2006 englische Drehbücher, die beim Screenplay Festival in den USA im Genre Comedy bereits im Finale waren. 2016 hat sie den zweiten Platz beim Kurzgeschichtenwettbewerb zeilen.lauf in Baden bei Wien gewonnen. Im Mai 2020 sind die eBooks "Ruf mich an" und "Die Hamstertaktik ist auch eine Option" z.B. bei amazon erschienen.

Ihr Blog heißt http://lillibernstein.blogspot.com/ und ihr Twitter Account https://twitter.com/LilliBernstein.

Maxi Forteller ist das Pseudonym einer Autorin, die im täglichen Leben unerkannt bleiben möchte.

Geboren ist sie in den frühen 1980er Jahren. Fantastische Geschichten dachte sie sich schon aus, bevor sie das Schreiben lernte. Leider verlor Maxi dieses Hobby irgendwann aus den Augen und erst im Teenie-Alter fing sie wieder damit an.

Da es ihr schwerfiel, eine Geschichte fertigzustellen, hat sie einiges angefangen und über lange Zeit nichts zu Ende gebracht. Während ihrer Doktorarbeit hatte sie wieder eine Geschichte begonnen, und das war auch die erste, die sie fertigstellte. Es hatte ihr riesig Spaß gemacht.

Beruf und Familie schränken die freie Zeit inzwischen ein, trotzdem liebt Maxi es, zu schreiben und kann nicht mehr damit aufhören.

Mehr von Maxi gibt es hier: MaxiFortellerAutorin.wordpress.com

Oder auf Facebook: https://facebook.com/MaxiForteller

Ruth Funke

Albertine Gaul

Jahrgang 1967, hat mehrere Berufe erlernt, darunter Wirtschafterin, Altenpflegerin und Bürokauffrau. Viele Jahre arbeitete sie als Altenpflegerin, bevor sie eine Krankheit zwang, sich einen anderen Beruf zu suchen.

Heute lebt und schreibt sie in einer Stadt im Ruhrgebiet, wo sie auch aufwuchs. Bisher sind von ihr mehrere Geschichten in Anthologien erschienen, darunter `Immer wenn es Winter wird`, `Ein Werwolf mit Herz`, `Die Elfe und der Mann`, `Der Dimensionswächter` und erste Romane bei bookrix.

Albertine Gaul ist ein Pseudonym.

Angelika Godau Die in Zweibrücken lebende Autorin, bekannt für ihre Pfalzkrimis, mag es eher psychologisch als blutig. Außerdem zeichnen sich ihre Bücher, neben dem Kriminalfall, durch eine Menge Humor aus.

www.godaukrimis.com

Margit Günster

Anna-Katharina Höpflinger ist in den Schweizer Bergen aufgewachsen (kann aber dennoch nicht Skifahren). Sie hat Religionswissenschaft studiert und lehrt und forscht an der LMU München. Neben ihrer Tätigkeit in der Wissenschaft schreibt sie dauernd (und überall) Kurzgeschichten, näht Fantasy-Kostüme und macht Musik. Sie wohnt bei drei roten Katzen, die genau wissen, was sie wollen (und wann sie es wollen).

Mehr über sie auf hoepflinger.com

Christine Kayser Jahrgang 1950, geboren in Leipzig, lebt hier, verheiratet, eine Tochter. Von Kindesbeinen an interessierten sie Bücher, Zeitungen, Musik, Menschen, Natur, Tiere, Weltpolitik. Ihre Berufsabschlüsse sind, Geflügelzüchterin, Verkehrskauffrau, Industriekauffrau. Sie schreibt hobbymäßig Gedichte, Verse, freche Sprüche und Kurzgeschichten. Seit ihrer Ausbildung zur Leipzig-Grünauer Bürgerredakteurin schreibt sie intensiver. Zahlreiche Veröffentlichungen in Gemeinschaftsprojekten, Büchern, Heften, Kulturmagazinen und in verschiedenen Anthologien.

Sie nimmt regelmäßig teil an Ausschreibungen und Wettbewerben. Besonders gern zugunsten für soziale Zwecke. Bei einem Schreibwettbewerb zum Thema »Buch« gewann sie 2014 einen 2. Platz Lyrikbeiträge von Erwachsenen und erhielt anlässlich der 2. Mitteldeutschen Buchmesse in Pößneck/Thüringen eine Auszeichnung. Seit Jahren erscheinen von ihr im www.literatur-treff-gruenau.de Beiträge.

Sie ist Mitglied der Gesellschaft für zeitgenössische Lyrik http://lyrikgesellschaft.de/ und versucht sich immer weiter zu verbessern, Wissen anzueignen unter dem Motto: »egal wie alt, ich will, nicht dumm sterben!«, beteiligt sich in verschiedenen Foren. http://autorenimnetzwerk.de/index.php/2017/12/13/geschichte-des-tages-christine-kayser-mit-remmler-und-schwung-durch-die-baubaracke/ hier n der Anthologie zugunsten der Stiftung lesen ist sie mit dabei und http://www.pr-inside.com/de/sommer-und-mehr-und-sommer-und-noch-mehr-eine-anth-r4468399.html,Fb-Seite   https://www.facebook.com/christine.kayser2

Natascha Kempers Ich bin 47 Jahre alt, gelernte Industriekauffrau und seit vielen Jahren kaufmännische Angestellte in einem mittelständischen Chemieunternehmen in meiner Heimatstadt Bocholt.

215

Mein Lebensgefährte und ich leben zusammen mit fünfzehn Katzen, zwei Eseln und zwei Ponys. Wir wohnen sehr ländlich.

2013 gründetet ich zusammen mit meiner Freundin Heike Uebbing und noch einigen anderen lieben Tierfreundinnen die Katzenhilfe Bocholt. Die Leitung des Vereins neben meiner Vollzeitbeschäftigung lässt nicht mehr viel Zeit für Hobbys zu. Denn einen Tierschutzverein zu führen ist nicht immer eine schöne Aufgabe. Es ist oft stressig, nervig und traurig.

Einen Ausgleich dazu finde ich, wenn ich mit einem spannenden Hörbuch auf den Ohren die Putzarbeiten erledige. Das ist meine Meditation, dabei fahre ich runter und komme mental zur Ruhe.

Und all die kleinen und großen Fellkugeln, die wir retten können, entschädigen uns für die Mühen und Sorgen, die solche Vereinsarbeit mit sich bringt.

Besucht uns auf www.katzenhilfe-bocholt.de oder schreibt uns unter info@katzenhilfe-bocholt.de

Josephine König Die Autorin wurde 1992 in Baden-Württemberg am Rande des Schwarzwaldes geboren. Sie arbeitet derzeit als Praxistrainerin für Metallberufe bei der Rehabilitation psychisch Kranker, mittlerweile wieder unweit ihres schwäbischen Heimatdorfes. In den letzten Jahren sammelte sie viele Erfahrungen in den unterschiedlichsten Jobs im In- und Ausland, unter anderem als gelernte Zerspanungsmechanikerin, Reinigungskraft, Chilipflückerin, Tomatensortiererin, Rezeptionistin eines Motels, Tellerwäscherin und nach ihrer Weiterbildung zur Industriemeisterin auch als Ausbilderin.

Immer auf der Suche nach Inspiration verbrachte sie bereits neun Monate in Australien mit einem Work-und-Travel-Visum und arbeitete drei Monate gegen Kost und Logie in Kanada. Wenn sie in ihrer Freizeit gerade nicht schreibt, verwickelt sie gerne Leute in tiefe Gespräche und engagiert sich ehrenamtlich.

Letztes Jahr zog eine flauschige, schnurrende Mitbewohnerin bei ihr ein.

Sie ist Mitglied im BVjA und schreibt neben Kurzgeschichten gerade an ihrem ersten Buch.

Angela Kunkel

216

Gisela Maaß-Weber Jahrgang 1963, wohnt und lebt im Münsterland. Fühlt sich den Tieren sehr verbunden. Hat selber drei Katzen.

Petra Ottkowski Jahrgang 1967, Wahl-Leipzigerin, Künstlerin und Dozentin für Ästhetische Bildung an einer Berliner Hochschule, 2. Preis, Kurzgeschichtenwettbewerb literatenohr 2004, Anthologieveröffentlichungen, verbringt die Sommerferien am liebsten schreibend und malend im Green Gym.

Susanne Reijnen Ich lebe als gebürtige Duisburgerin seit über zwanzig Jahren am Niederrhein und fühle mich dort sehr wohl.

Seit 2006 schreibe ich, überwiegend Gedichte und Sprüche zum und über das Leben im Allgemeinen und im Besonderen. Ich habe sie in meinem Buch "Gefühlt, Gedacht, Verdichtet", zusammen mit einigen meiner Zeichnungen, im Eigenverlag herausgebracht. (ISBN: 978-3-00-041774-0)

Humor, aber auch eine spitze Zunge fließen sowohl in die Gedichte, aber auch in meine Kurzgeschichten. Diese stelle ich gerne in Lesungen, gemeinsam mit Silke Schäfer, als Team Reijnschrift vor.

Sylvia Reinhardt Ich lebe in Zwickau und arbeite als Archivassistentin. Da mein Berufsleben doch sehr von Fakten geprägt ist, beschäftige ich mich in der Freizeit eher im kreativen Bereich. Ich lese (fast) alles, was mir unter die Finger kommt (SF, Fantasy, Krimi, Historisches, ...), betätige mich hier im Förderstudio für Literatur (vor allem im Bereich: was kann ich zum Lesen empfehlen) und schreibe hin und wieder selbst ein wenig.

Brigitta Rudolf Die Autorin lebt mit ihrem Mann in einer kleinen Kurstadt am Rande des Wiehengebirges. Seit dem Tod ihres heißgeliebten Katers Jonny hat der Streuner Tiger bei den Rudolfs ein Zuhause gefunden. Außer mehreren Büchern mit Katzen- und anderen Tiergeschichten gibt es von ihr auch Kurz- und Weihnachtsgeschichten, sowie Schmunzelkrimis. Viele weitere Geschichten warten noch auf ihre Umsetzung - die Leser dürfen also weiterhin gespannt sein...

Zurzeit arbeitet die Autorin an ihrer "dunklen Seite" und versucht sich an Katzenkrimis. Wer mag kann sich darüber gern auf ihrer Webseite unter www.brigittarudolf.jimdo.com informieren. Zu jedem Buch gibt es Leseproben.

Auch über eine persönliche Rückmeldung freut sich die Autorin und verspricht, jede Mail zu beantworten.

brigitta-rudolf@gmx.de

Silke Schäfer Jahrgang 1957, gelernte Grafische Zeichnerin, lebt in Duisburg. Als Ende der 90er Jahre ein beruflicher Wechsel in eine künstlerisch vergleichsweise trockene Sparte nötig war, blieb sie trotzdem – oder gerade deshalb – ihrer Liebe zu Bild und Wort treu. Zeichnen und das Verfassen von Kurzgeschichten waren ihr Ausgleich zum Arbeitsalltag.

Erste Veröffentlichung 2017 in der Weltentor-Anthologie *Fantasy*, Noel-Verlag. 2019 erscheinen zwei eigene Bücher im Themenbereich Fantasy, Fortsetzungen sind in Arbeit. Tierschutz ist ein weiteres Herzensthema, zuhause beflügelt durch die beiden FiV-Kater Naoko und Taki. Auch zu anderen Themen ist sie hin und wieder mit Kurzgeschichten in Lesungen vertreten, gemeinsam mit Susanne Reijnen als „Team Reijnschrift".

www.silke-schaefer.de   www.terrandessa-fantasy.de

Annerose Scheidig Schriftstellerin, dichtet seit ihrer Kindheit. Sie veröffentlicht ihre Werke seit1992 zahlreich in verschiedenen Anthologien, Zeitungen, Kalendern, Radio/Bürgerfunk. 2009 erschien ihr erstes Büchlein mit Lyrik & Kunst, ein Jahr später die Gedichtsammlung „Herzen schlagen allezeit", 2013 „Verpaart", eine bunte Sammlung aus Limerick, Tandem, Haiku und Senryü.

Sowohl die traditionell mehr der Natur zugewandten Haiku, als auch die eher persönlichen und emotionalen Senryü liegen dem sensiblen Einfühlungsvermögen der Dichterin, stechen besonders hervor. Sie vermittelt nicht nur schöne heile Welt, sondern auch mit warmen und doch gleichzeitig kraftvollen Formulierungen manch bittere Wahrheit auf poetische Weise. Ein Beispiel dafür ist ihr Gedicht „Modenschau" das im ersten Moment heiter klingt und in der letzten Zeile die bittere Pille serviert, die uns zum Nachdenken bringen soll. Ähnlich das Gedicht „Für Diana", das 1997 im Rahmen eines Specials für Lady Diana in der WAZ veröffentlicht wurde.

Kontakt: annerose.scheidig@gmx.de

Renate Schiansky Geboren 1959 in Wien, geschieden, zwei Kinder. War zwanzig Jahre lang Sachbearbeiterin der Rechtsfürsorge im Jugendamt.

Mag außer Büchern ganz besonders auch noch ihre Fotokameras, Sprachen und (alte) Landkarten.

Muss Papier und Stift immer griffbereit haben.

Lebt mit Bartagame, Zwerghamster, Rennmaus und zwei Steppenlemmingen in Wien und wäre am liebsten ständig auf Reisen.

Finalistin des zeilen.lauf Wettbewerbes 2018 und 2019 in Baden

Finalistin des Ralf-Bender Krimipreises 2019

Gewinnerin des Eyelands International Short Story Contest 2018

renate.schiansky@chello.at
https://renateschiansky.wixsite.com/autorin

Sonja Schirdewan Geboren und aufgewachsen im westfälischen Bocholt absolvierte sie ihre Ausbildung zur Speditionskauffrau. Seit frühester Kindheit vom Lese- und Schreibfieber gepackt lebt sie nun dort mit ihren Katzen, engagiert sich ehrenamtlich bei der Katzenhilfe Bocholt e.V. und entspannt von ihrer Bürotätigkeit, indem sie ihre gruseligen Ideen zu Papier bringt. 2016 begann sie erfolgreich mit ihren Horrorgeschichten an Ausschreibungen teilzunehmen.

Bisher erschienen sieben Kurzgeschichten in Anthologien vom „Sarturia"-, „Sperling"-und „Karina"-Verlag. Weitere Veröffentlichungen sind in Vorbereitung.

https://www.facebook.com/Kurzgeschichte/

Manuela Semrau

Jochen Stüsser-Simpson ist im Rheinland aufgewachsen, lebt und arbeitet aktuell in Hamburg. Er liest, joggt und schreibt gern in verschiedenen Bereichen, vor allem am Ufer von Flüssen oder Seen, schreibt gern Lyrik, aber auch anderes. In seinem Leben und dem seiner Kinder haben verschiedene Katzen immer wieder eine wichtige und spannende Rolle gespielt. Katzen scheinen es zu mögen, wenn er liest oder schreibt – und er mag ihre Nähe.

Ein paar Veröffentlichungen aus der letzten Zeit: Gedichte, in: Axel Kutsch (Hg.), Versnetze_13, Verlag Ralf Liebe, 2020. An der Stadtmauer von Bad Münstereifel. In: Eifeljahrbuch, hrsg. Eifelverein, Düren 2019. Sehnsucht nach Norden. In: Karnevalsausgabe 2020, Lyrik in Köln. Lob der Beichte. In: Gedichte über Gott und die Welt. Hrsg. von A. G. Leitner, Reclam Verlag, Ditzingen/Stuttgart 2019. Ein dickeres Buch (330 S.): Schauderwelsch, Kurzgeschichten und Lyrik, Papierfresserchen-Verlag, Langenargen 2019. Ältere oder aktuellere Texte und Bücher: lassen sich im Internet finden ☺

Heike Uebbing Mein Name ist Heike Uebbing, und ich bin in Bocholt geboren und aufgewachsen. Bei uns gab es immer Tiere, die mein Vater aus dem Wald mitbrachte. Wir haben oft verletzte Greifvögel gepflegt, einmal ein verwaistes Rehkitz, und auch andere Tiere. Mein bester Freund in Kindertagen war unser Münsterländer. Die Tierliebe wurde mir also in die Wiege gelegt. Ich habe zwei erwachsene Kinder und bin Zweite Vorsitzende der Katzenhilfe Bocholt.

Isabell Ugol Die gebürtige Rheinländerin, die zunächst in einem Hundehaushalt aufwuchs, adoptierte im Alter von 21 Jahren endlich ihren ersten Kater, der dann ihre Erziehung übernahm. Trotz, oder durch seine Hilfe schaffte sie ihr Philosophiestudium, heiratete und lebte glücklich und zufrieden bis zu seinem Ende. Dieser große Verlust konnte nur durch die Adoption von zwei Katern, Möhre und Cashew, gemildert werden. Mit dem Frieden ist es jetzt vorbei, der Spaß aber hat gerade erst begonnen.

Ihre große Leidenschaft und Liebe gelten seit jeher Katzen, Tanz und Natur. Wenn sie nicht gerade als Tänzerin und Tanzlehrerin durch die Gegend fährt, ist sie sehr gerne zu Hause und widmet sich außerdem dem Schneidern und Upcyceln von Kleidern und Kostümen, dem Tüfteln und Basteln, Gärtnern, Kochexperimenten an sich selbst und anderen, und nun auch der Schriftstellerei.

221

Wir sind für Katzen da!

2013 fand sich eine kleine Gruppe von Katzenliebhabern zusammen, die vor dem Elend der Straßenkatzen nicht mehr länger die Augen verschließen konnten!

Im Februar 2014 entstand daraus unser Verein, die Katzenhilfe Bocholt e.V. Wir leisten diese Arbeit ehrenamtlich und unentgeltlich. Wir finanzieren uns durch Spenden und Mitgliedsbeiträge.

Unsere Aktivitäten:

- wir kümmern uns um verwilderte und ausgesetzte Katzen

- wir lassen herrenlose Katzen kastrieren, damit sie sich nicht unkontrolliert vermehren

- wir lassen kranke Tiere medizinisch versorgen, damit kein Tier sich selbst überlassen ist

- wir betreuen Pflegestellen

- wir pflegen die Zusammenarbeit mit anderen Tierschutzorganisationen, Tierärzten und Tierheimen.

Sie möchten unsere Arbeit unterstützen? Wir freuen uns über jede Hilfe - bitte kontaktieren Sie uns.

Nur zusammen sind wir stark.

TIERSCHUTZ MIT HERZ
KATZENHILFE BOCHOLT e.V.

www.katzenhilfe-bocholt.de

0177-710 42 98

info@katzenhilfe-bocholt.de

222